Heinrich Middendorff

Studien über Richard Rolle von Hampole

unter besonderer Berücksichtigung seiner Psalmenkommentare

Heinrich Middendorff

Studien über Richard Rolle von Hampole
unter besonderer Berücksichtigung seiner Psalmenkommentare

ISBN/EAN: 9783743396555

Hergestellt in Europa, USA, Kanada, Australien, Japan

Cover: Foto ©Thomas Meinert / pixelio.de

Manufactured and distributed by brebook publishing software
(www.brebook.com)

Heinrich Middendorff

Studien über Richard Rolle von Hampole

INHALT.

A. Einiges über Richard und seine Zeit.

In diesem Teile vorliegender Studien soll versucht werden, aus den Schriften des Einsiedlers von Hampole Schlüsse auf seine Person und seine Zeit zu ziehen. Mit einem derartigen Vorhaben muss man aber bei einem Manne wie Richard mit der äussersten Vorsicht zu Werke gehen. Zunächst ist zu bedenken, dass seine Werke keine Originale sind, ja, dass nur Weniges sein geistiges Eigentum ist. Richard hat sich überall eng an seine Quellen angelehnt, hier und da wörtlich die Kirchenväter wiederholt, Wort für Wort übersetzt. Dazu kommt zweitens, dass seine lateinischen Werke meist Erklärungen zu biblischen Büchern, zu einzelnen Kapiteln, oder zu Versen der heiligen Schrift sind. Wenn man nun auch im Mittelalter in Bibelstellen mancherlei hineinzuinterpretieren verstand, worin z. B. Augustinus sehr geschickt ist, so muss man doch zugeben, dass der Willkür des Erklärers immerhin eine gewisse Schranke gesetzt war in dem Wortlaut des zu erklärenden Verses. Manche Auslegung, die man als eine persönliche Bemerkung des Verfassers erweisen möchte, braucht dies durchaus nicht zu sein, sondern kann durch den Wortlaut der zu Grunde gelegten Bibelstelle gradezu veranlasst worden sein. Wer diese Thatsachen nicht in Erwägung zieht, wird bei Richard von Hampole gar oft auf falsche Schlüsse kommen.

Bei alledem sind Anspielungen auf seine Zeit und Bemerkungen über sein Leben äusserst selten, nicht allein im Psalmencommentar, sondern auch in seinem grösseren Werke in Versen, dem Pricke of Conscience. Auch dieser Umstand hat seinen guten Grund, besonders bei der Psalmauslegung. Zuvörderst war es nötig, dass der Erklärer jeden Psalmvers nach Lucas 24, 44 auf Christus und die christliche Kirche deutete, setzte doch Augustinus diesen Vers (necesse est,

1

impleri omnia, quae scripta sunt in psalmis de me) als Motto
über seinen grossen Psalmencommentar. Aber dies war' der
Einschränkung nicht genug; wollten seine zahlreichen Nach-
folger in der Erklärung der so beliebten Psalmen nicht die
bittersten Vorwürfe und Anschuldigungen über sich ergehen
lassen, so mussten sie dem Augustinus folgen, durften auch
wohl hier und da auf dessen Zeitgenossen oder Vorgänger,
z. B. Hieronymus oder Ambrosius zurückgreifen, aber sie
sollten im wesentlichen nicht von den Kirchenvätern ab-
weichen und eine neue Ansicht vortragen. Thatsächlich haben
sich alle, auch die begabteren unter den Erklärern, diesem
Zwange im Allgemeinen unterworfen. Aber zwei, Gerhoh von
Reichersberg und Richard von Hampole, letzterer nicht im
Psalmencommentar, sondern in seiner Erklärung des Buches
Hiob, haben eine kräftige, mutvolle Sprache geführt gegen
diesen starren Autoritätenglauben. Die Stelle aus Gerhoh
teilt Ernst Henrici (Die Quellen von Notkers Psalmen, Strass-
burg 1878, Seite 6) mit, die Aeusserung Richards, die zugleich
ein wichtiges Document für seinen Biographen ist, denke ich
weiter unten anzuführen. Freilich, bei der Psalmenauslegung
hat sich der Verfasser den Zwang noch ruhig gefallen lassen,
der oben angeführte Bibelvers war ihm höchstes Gesetz. Dies
wurde aber, so scheint es, auf die Auslegung des Hiob nicht
ausgedehnt, deshalb finden sich hier, sowie in den übrigen
kleineren Abhandlungen mehr Bemerkungen über persönliche
und allgemeine Verhältnisse, als im Psalmencommentar. Richard
war eine tiefreligiöse Natur, er that alles und jedes im Hin-
blick auf Gott, sein ganzes Leben war ein Gottesdienst. In
seiner Demut kam er sich selber im höchsten Grade schlecht,
elend und unwürdig vor. Deshalb glaubte er sich zu viel
Ehre anzuthun, wenn er in die Auslegung der Schrift, zumal
der Psalmen, seine Person einführte, die er so sehr verachtete.
Und wie heilig fasste er seine Aufgabe, seine göttliche Sendung
als Erklärer der Bibel! Nur das Wort Gottes wollte er er-
klären, musste es ihm da nicht als eine Entweihung des
heiligen Werkes erscheinen, Vorkommnisse aus der grossen
Welt und dem täglichen Leben darin zu erwähnen? Der
Welt war er ja entflohen. Nur zuweilen lässt er warnend ein
Streiflicht auf gewisse Zustände fallen, in deren Bestehen er
Gefahr für das Reich Gottes erblickt. Weil sich nun der-
artige Anspielungen so selten finden, so darf man ihnen aus
den eben angeführten Gründen auch die grösste Wichtigkeit
zuschreiben. In dem Officium de sancto Ricardo heremita
(ten Brink, Engl. Littr. I, 366) wird man schwerlich allzu viel
historische Wahrheit finden, denn es blickt überall die Absicht

durch, in der es geschrieben ist, nämlich, die baldige Heilig-
sprechung des Einsiedlers zu erwirken. Wenn sich nicht noch
Werke, in denen er über sich selbst spricht, oder zeitgenös-
sische Urteile über ihn finden sollten, so werden wir wohl
niemals ein klares Lebensbild von diesem merkwürdigen
Manne erhalten.

Bei vorliegender Untersuchung ist eine Ausgabe der
meisten lateinischen Werke Richards benutzt, die von einem
Cölner Dominicaner besorgt wurde: D. Richardi Pampolitani
anglosaxonis eremitae . . . . . in psalterium Davidicum atque
alia quaedam sacrae scripturae monumenta compendiosa juxta-
que pia enarratio. Coloniae, MDXXXVI.

In diesem Foliobande nimmt der lateinische Psalmencommentar den grössten Raum ein. Darauf folgen wie beim
englischen Psalter Richards die bekannten cantica (Isaiae,
Ezechiae, Annae, Mosi I, Abacuc, Mosi II). Canticum Mariae
steht nur im englischen Commentar.

Auf die cantica folgt:

In aliquot capita Job prophetae enarratio.

In threnos Jeremiae.

In orationem dominicam.

In symbolum apostolicum.

In symbolum Athanasii.

De emendatione peccatoris opusculum.

De incendio amoris.

Dann folgen noch mehrere kleinere Abhandlungen, aus
denen unten einiges angeführt werden soll. Zu Hiob XIII, 25
macht der Hg. die Bemerkung: libros de perfectione Richardus
scripsit. Sollte dies der Fall sein, so dürfte von diesen
Schriften, die sich ja noch irgendwo finden könnten, mancherlei
Wichtiges für die Kenntnis von Richards Lebensgange zu erwarten sein.

An die Spitze aller Citate stelle ich den oben bereits erwähnten, meines Wissens noch nicht benutzten Passus aus
Richards „enarratio" zu Hiob XIII, v. 25:

Propter quod nec ego timeo haereticos aut invidos qui
forsitan **insurgent** contra me, dicentes: Aut me in expositione
errasse, aut sacra verba non congruenter tractasse; non accep-
tanteş me, quia **modernus** sum. Sed profecto qui bonos mo-
dernos **reprobat**, hesternos non laudat. Non enim est deus
nunc minoris **bonitatis**, quam fuit. in primitiva ecclesia qui
adhuc electos suos ad amorem aeternitatis desiderandum prae-
parat, quia et quos vult coelestis scientia, sapientiaque divina
inspirat. Verum **sciatis quod** episcopus non sum, nec praelatus,
nec rector ecclesiarum: tamen solicitus sum pro ecclesia dei,

empfindlich getroffen fühlende Geistlichkeit setzte alle Hebel in
Bewegung, um diesen gefährlichen Feind zum Schweigen zu
bringen, und es ist nicht unwahrscheinlich, dass sie den
frommen, unschuldigen Mann derartig in Verruf brachte, dass
auch die weltliche Gewalt gegen ihn auftrat, zumal da er auch
diese, überhaupt alles, was faul war im Staate, angegriffen
hatte. Hält man dazu seine Klagen, dass auch seine besten
Freunde ihn verlassen und verraten hätten, so bekommt man
Achtung vor diesem Manne, der für seine freie Rede so viele
Leiden erduldete. In der Abhandlung „de incendio amoris"
klagt er mit folgenden Worten seine falschen Freunde an.
(Cöln. Ausg. fol. CXLIII):

Nam eos pessimos detractores habui, quos prius amicos
fidos putavi . . . Maledicent illi et tu benedices.

Dazu ist zu stellen Ps. 101, 9 in der Ausgabe von
Bramley (The Psalter or Psalms of David, Oxford, Clarendon
Press, 1884) und 87, 8, wo der lateinische Commentar noch
deutlicher ist: *Longe fecisti*, id est, recedere permisisti *notos
meos*, id est, amicos a quibus me amari existimabam *a me*, id
est, ab intentione mea et quos maxime diligebam, adversati sunt
mihi, nam *posuerunt me abominationem sibi*, id est, abomina-
bantur me, quia non placui eis in omnibus.

Er hatte also in Einigem ihr Missfallen erregt. Was
ihnen nicht gefiel, ist nicht ersichtlich, doch mag es sein, dass
sie sich störten an seinem excentrischen Wesen. Ein Mann
von so weltverachtender Gesinnung, der auch den reinsten
Freuden der Welt entsagt, mag schwerlich gleichgesinnte
Freunde finden. Ob auch seine Wohlthäter, die Daltons, die
Hand von ihm abzogen, ist ungewiss, jedenfalls fühlte sich
Richard sehr unglücklich. Er war doppelt allein: er lebte als
Einsiedler und fand auch bei niemand Geistesgemeinschaft.
Dazu quälten ihn Zweifel an der Gottgefälligkeit seines Wan-
dels. „De puritate mentis" (Cöln. Ausg. fol. CXXXIX d): . . .
valde miser mihi videor. Nam saepe caro mea affligitur et
tentatur.

Die offenen und versteckten Angriffe seiner Feinde ertrug
er leichter, als die Treulosigkeit seiner Freunde. Uebrigens
scheint ihm das Volk doch Hochachtung entgegengebracht zu
haben; man schätzte ihn umsomehr, je ruhiger und fester er
blieb bei den Angriffen derer, die ihm übel wollten. Vergl.
dazu die Aeusserung auf fol. CXLV b der Cöln. Ausg.: Non-
nullos audivi disputationibus velle me convincere, quia apud
opinionem hominum eos vivendo videbar superare. Sed profecto inter homines me crescere fecerant, quo me diminuere
putabant. Quia tanto deus meus mihi dona gratiae suae dig-

natus est infundere, quanto ab illis etiam, qui ejus discipuli apparebant, indigna me permisit tolerare.

Er bemerkt dies mit Genugthuung, doch war er nicht der Mann, sich bewundern zu lassen und seine Tugend vor die Augen der Welt zu stellen. In seiner Demut verzichtet er auf alles Lob. Cöln. Ausg. fol. CXLIV: Non cognitus eram ab his, qui me cernebant, ne dum scivissent, me supra modum honorassent, et sic perdidissem partem floris pulcherrimi et decidissem in desolationem. (Ten Brink, Engl. Litt. I, 368) Vergl. auch „De institutione vitae" (fol. CXXXVIIb der Cöln. Ausg.): Aliorum vero virtus tanto major est, quanto ab hominibus non videtur.

Verachte dich selbst und die Welt, deren Ruhm nichtig, ja schädlich ist, lobe Gott früh und spät, und willst du ein besonderes hohes und verdienstliches Werk thun, so fliehe die Menschen und enthalte dich ihres Umganges: das ist seine Lebensregel.

„De institutione vitae" (Cöln. Ausg. fol. CXXXVIIa): Debes ergo te ipsum perfecte despicere et omnem mundi gloriam penitus declinare, nihil nisi intuitu divini amoris vel cogitare, vel agere, ut tota vita tua intus et extra laudem dei clamet . . . . Si quis velit abstinentiam singularem assumere, debet visus hominum et laudes vitare.

Man sieht, er kämpfte mit Gewalt gegen die menschlichsten Neigungen und Triebe. Er erblickt im Körper den Sitz des Lasters und in der Abtötung des Fleisches ein hohes Verdienst. Zahlreich sind die Stellen, wo er der Einsamkeit das Wort redet und das Eremitenleben als den Gipfel menschlicher Vollkommenheit preist. Nicht selten ist ein selbstgenügsamer Weiser das Zeichen allgemeiner Entsittlichung und so könnte man wohl aus Richards Verhalten auf unerfreuliche sittliche Zustände seiner Zeit schliessen. So waren es zunächst wahrscheinlich die Frauen, wegen deren er auf den Gedanken kam, die menschliche Gesellschaft zu fliehen. Die Erzählung vom Teufel, der ihn in Gestalt eines schönen Mädchens versuchte, ist auch von Perry in den „English prose Treatises of Richard Rolle de Hampole" mitgeteilt, die lateinische „narratio" über denselben Gegenstand steht in „Nominis Jesu encomion" (Cöln. Ausg. fol. CXLIIIb. Dazu sind Auslassungen wie die folgenden zu stellen. (Cöln. Ausg. fol. CVIIb, zu Hiob XVII), Mulierum molliciem non admittat: Bonum enim est, ut ait apostolus, mulierem non tangere.

Psalm 90, 3 lautet im lateinischen Commentar: Cum in prosperis fuerint, superbiendo cadunt, aut inter mulieres conversantes et earum falsa delectatione potati in mundo delirant:

hi laqueo venantium et verbis asperis capiuntur et non liberantur.

(Cöln. Ausg. CIX c) zu Hiob XIX: Sicut apes nos circumdant mulieres, quae habent mel in ore et aculeum in dorso, quia quos in suam delectationem capiunt, venenoso aculeo latenter occidunt.

Vergleiche endlich „de emendatione peccatoris" Cöln. Ausg. CXXXV c. Nam multos divitiae retrahunt, blandimenta mulierum fallunt; et qui diu bene fecerunt, aliquando per illas in foveam pessimam demergunt . . . . . Vidi enim virum de quo dixerunt, quod per quindecim annos mirabili rigore corpus suum perdomuerit et postea lapsus est in peccatum cum conjuge servientis sibi, a qua non potuit separari usque ad mortem.

Dies ist einer der wenigen Fälle, wo Richard ein Beispiel aus dem täglichen Leben giebt.

War ihm somit die Welt, wie er sie nun einmal eingerichtet sah, gründlich zuwider, betrachtete er den Verkehr mit Menschen als schädlich, zum mindesten als nicht empfehlenswert, und sah er insbesondere in den Frauen nichts als Teufel, die bestrebt seien, die böse Menschheit nur noch tiefer in die Sünde zu ziehen, so ist es nicht zu verwundern, wenn man ihn der Welt entfliehen und in die Einsamkeit sich zurückziehen sieht. Die Darstellung in dem „Officium de sancto Ricardo" dass er sein Gewand gewechselt habe, wird durch Richards eigene Worte „mutata tunica" (S. 4) bestätigt. Er wird Einsiedler, obwohl er die „solitudo mentis" höher schätzt als das Leben in der Wüste. Im lateinischen Commentar zu Ps. 54, 7 Cöln. Ausg. fol. XXVI d sagt er z. B.:

Sed ne videar statum meum superexaltare, quia solitarius sum qui hanc brevem expositionem compilavi (ein Beweis, dass der lateinische Commentar sicher dem Einsiedler von Hampole zuzuschreiben ist; ten Brink, Engl. Litt. I 369 vermutet dies nur) solitudinem mentis magis debetis intelligere quam corporis. Solitudinem mentis voco, qua homo deserit tumultuosam cupiditatem et vanitatem istius mundi et turbam malarum et vanarum cogitationum cum omnibus saecularibus negotiis perfecte relinquit et se levat in contemplationem dei et coelestium gaudiorum: ut quamvis inter homines moretur, longe tamen a vita eorum distet. Hanc solitudinem magis laudo, quam si quis in eremum fugeret et ibi cum radicibus et aqua vivere posset.

Er hat sich dann auch anfangs bemüht, diese „solitudo mentis" zu erreichen, ohne doch darum die Gemeinschaft der Menschen zu fliehen. Vgl. „De incendio amoris" (Cöln. Ausg.

fol. CXLIIIc und d): Mansi autem inter eos qui in mundanis
floruerunt et accepi ab eis alimenta, blanditias quoque quae
saepe bellatores inclytos ab altitudine ad infima trahere possent,
audivi: sed hujusmodi propter unum abjiciens, assumptus est
animus meus ad amorem authoris et desiderans in aeterna
dulcidine delectari, animam meam dedi ut in devotione dili-
geret Christum: quod utique ab amato suo accepit, ut jam illi
solitudo suavissima appareat et cuncta solatia quibus error hominum abundat pro nihilo ducat. Solebam profecto quietem
quaerere: quamvis de uno loco ad alium transire cellas denique
deserere ex rationabili causa, malum non est eremitis, et iterum
ad easdem si congruum videatur, redire. Quidam enim sanctorum patrum sic fecerunt. Et quamvis patiantur propter hoc
murmur hominum, non tamen bonorum etc.

Es muss ihm wohl nicht gelungen sein, die „solitudo
mentis" zu erreichen inmitten der Menschen; er hat sich den
Einflüssen der Welt nicht ganz entziehen können, und nachdem er keine Befriedigung in ihr, und Christus hier nicht
gefunden, wird er Eremit, um seinen Heiland allein in Not
und Entbehrung zu suchen. Vgl. „ominis Jesu encomion":
(Cöln. Ausg. fol. CXLIId—CXLIIIa).

Circuivi per divitiarum cupiditatem, et non inveni Jesum.
Cucurri per carnis lasciviam; et non inveni Jesum. Ambulavi
per deliciarum voraginem, et non inveni Jesum. Sedi cum
multitudine gaudentium, et non inveni Jesum. In omnibus
his quaesivi Jesum et non inveni illum, quia innotuit mihi
per suam gratiam, quod non invenitur in terra suaviter viventium.

Diverti igitur per aliam viam, et quaesivi per pauper-
tatem, et inveni illum pauperem in mundo natum . . . . Sede-
bam solus, faciens me solitarium, et inveni indefesse jejunantem,
in monte solum orantem. Cucurri per poenam et poenitentiam
et inveni Jesum . . . . non in multitudine, sed in solutudine.

Er preist die Einsamkeit in vernünftiger Weise als den
besten Ort zum Studieren und zu ernsthafter Arbeit und
Lebensführung. So zu Ps. 54, 7 im englischen Commentar.
Doch zeugt das Meiste, was er über die Einsamkeit und spe-
ciell zur Empfehlung des Einsiedlerlebens sagt, von einer
ungesunden Schwärmerei. Vgl. „in threnos Jeremiae, cap. 3"
(Cöln. Ausg. fol. CXXVII) *Sedebit solitarius,* id est, singularis
cum deo est, qui omnes alios excellit, vel non immiscetur
negotiis et desideriis mundi; *et tacebit,* a vanis loquelis et
cogitationibus, divino amore contentus; *quia levavit se super
se,* id est, ultra vires corruptae naturae per contemplationem
exeundo ad superna.

Als begeisterter Freund des einsamen und entsagungs-
reichen Lebens, hat er die Freuden der Welt, besonders die
der Reichtum gewährt, hart verurteilt und die Armut über die
Massen gelobt, wobei er bemüht ist, auch die geistig Armen
glücklich zu preisen, und immer auf die himmlischen Freuden
und höllischen Qualen hinweist. „De paupertate" (Cöln. Ausg.
fol. CXXXVIa). Sic nimirum fructuosa erit illa voluntaria
paupertas et angustia quam propter deum patitur, corona
gloriosa. Beati enim pauperes spiritu, quoniam ipsorum est
regnum coelorum. — ib. b: Non enim paupertas per se virtus
est, sed magis miseria: nec propter se laudabilis est, sed quia est
instrumentum virtutis et ad beatitudinem juvat adquirendam
et facit vitare multas occasiones peccandi . . . Possunt tamen
ad culmen virtutum per gratiam dei attingere et ad contemplationem supernorum se levare, si occupationes et negotia
saecularia deserant et ad orandum et meditandum indefesse
assurgant, atque ea quae habent, non amando possideant, sed
possidendo relinquant. Attendant ergo jugiter, quod superflua
adquirere, vilis superbiae et cupiditatis est, necessaria retinere,
infirmitatis est, omnia vero relinquere perfectionis est.

Das Eifern gegen den Reichtum war von jeher üblich,
aber in keinem der vielen Psalmencommentare des Mittelalters
wird derselbe eifriger bekämpft, als in dem des Einsiedlers
von Hampole. So wenig selbständig er sonst ist, hier hat er
manchmal seine Quelle verlassen. Keiner hat so sehr die
Welt verurteilt, wie Richard. Dazu sind zu vergleichen
Ps. 143, 14 u. ff. im englischen Commentar; ferner Cöln. Ausg.
fol. CVc (zu Hiob XIV): Quis enim est qui habet divitias et
non amat eas? Amator autem earum execrabilis est coram
deo. Auch der lateinische Commentar zu 21,31: Difficile
enim est, invenire divitem justum qui magis deum, quam suam
voluptatem diligat.

Richard scheint anfangs in seiner einsamen Klause Ruhe
und Befriedigung gefunden zu haben; er frohlockt über die
herrliche Gottesgabe der inneren Erleuchtung, über die heilige
Glut, die ihm in der Einsamkeit verliehen worden, und über
den göttlichen Trost, der ihm zu teil geworden sei durch seine
brünstigen Gebete und sein beschauliches Leben. „De incendio amoris" (Cöln. Ausg. CXLIVa): Unde gratias deo et laudes incessanter referre desidero, qui in angustiis molestiisque
ac persecutionibus meis mihi tribuit solatium et inter prosperi-
tates ac blandimenta cum securitate me facit expectare aeternam coronam.

ib. b. Rapiunt enim confortatum ad cacumen contempla-
tionis vel ad consonantiam angelicae laudis.

Ferner in der Abhandlung „de contemplatione" (Cöln. Ausgabe fol. CXLIb, c u. d): Mihi videtur, quod contemplatio sit jubilus divini amoris suscepta in mente suavitate laudis angelicae. Haec est jubilatio, quae finis est orationis perfectae et devotionis summae in via. Haec est jubilatio et exultatio mentis habita pro aeterno dilecto in canore spirituali prorumpens voce.

Per longam enim exercitationem spiritualium operum ascendimus ad contemplationem aeternorum. Multi enim sunt nescientes sabbatizare in mente, neque scientes vanas et inutiles cogitationes expellere.

Dazu ist die begeisterte Schilderung der himmlischen Seligkeit zu stellen, die ihm „der Gipfel der Beschaulichkeit" eingab. (Cöln. Ausg. fol. CXXXIId).

O dulce gaudium, videre dei faciem, o gloriosum aspectum, in splendore majestatis suae intueri regem saeculorum. Ibi erit gaudium, quod oculus non vidit, nec auris audivit, nec in cor hominis ascendit. Ibi erit amor ardentissimus, jubilus dulcissimus, dulcor affluentissimus, quando facie ad faciem deum videmus . . . . (Eine besondere Erklärung zu Ps. XX.)

Diese Zeitpunkte waren für ihn der Gipfel irdischer Seligkeit, er glaubte, in heiliger Begeisterung zu sein und himmlische Stimmen zu hören, ein Zustand, von dem auch Augustinus und viele andere Ausleger erzählen. Aber Richard spricht am begeistertsten davon. So auch zu Ps. 125, 1 im lateinischen Commentar Cöln. Ausg. fol. LXXIVc: Ego ita de virtute in virtutem ascendens ad tantum profectum perveni et tantam consecutus sum gratiam, quod praelibavi dulcedinem aeternae suavitatis, et vidi et attendi me talem qualis futurus eram post hanc vitam.

Diese Zustände himmlischer Seligkeit waren indessen nicht von langer Dauer, und je glücklicher er sich gefühlt hatte, um so traurigere Gefühle bemächtigten sich nachher seiner Seele. Daher spricht er so oft von Thränen, die er habe vergiessen müssen, von Gewissensqualen und Versuchungen, die über ihn gekommen seien. Sein ohnehin tiefernstes Gemüt verdüsterte sich mit der Zeit mehr und mehr. Bezeichnend ist hierfür seine Erklärung, worin das wahre und vollkommene Leben bestehe. Vgl. zu Hiob XVII (Cöln. Ausg. fol. CXVIIIc): Pius pene se mortuum considerat, quia se moriturum non ignorat. Perfecta enim vita est mortis imitatio, quam dum justi sollicite peragunt, culparum laqueos evadunt.

Thränen bedeuten ihm wahre Reue und Zerknirschung über die sündhafte Erbärmlichkeit des Menschen, für die er nicht Worte genug finden kann. Vgl. Cöln. Ausg. fol. LXXXIX d: *Homo est massa putredinis, vas abominationis, esca vermis.* *Homo est natura fragillima, ad malum prona, ad bonum tarda, terrenis adglutinata, longe a coelestis gaudiis expulsa.* Pricke of Conscience v. 608 ff. Vielleicht ist hierher auch Ps. 39, 24 zu rechnen, ich habe wenigstens keine Quelle dafür finden können. Er beklagt es, dass die Menschen nur noch selten ihre Sünden beweinen, wie er die seinigen. Zu Ps. 6, 8 (fol. IV b der Cöln. Ausg.): *Quoniam exaudivit dominus vocem fletus mei,* id est, perfectae contritionis meae qua defleo, quae commisi, hanc libenter audit deus,· sed nunc raro invenitur: lachrymae etiam pondera vocis habent. Die Betrübnis ist noch seiner Lehre verdienstlich und der Lohn dafür wird im Himmel erteilt.

In der Abhandlung „de puritata mentis" (Cöln. Ausg. fol. CXXXIX d — CXL a) spricht er von seinen Qualen, von denen er erlöst zu werden hofft durch Glauben und Geduld. Vgl. auch „de patientia" (Cöln. Ausg. fol. CXXXVIII a): Tentationes enim constantia fidei et amoris vincuntur, tribulationes vero patientia superantur.

Doch will er nicht behaupten, dass dies bei jedem zutreffend sein müsse, er will nur sagen, was ihm genützt habe, und was auch die andern Kirchenlehrer empfohlen hätten. Wer aber die Lehren der letzteren bezweifle, gehe der Liebe Christi verlustig. „De meditatione passionis Christi". Cöln. Ausg. fol. CXXXIX b u. c. Possem ergo meditationes meas tibi dicere, sed quales tibi amplius efficaces erunt, nescio aperire, quia interiorem affectionem tuam nescio. Puto certe, quod illae meditationes in te magis deo placent et tibi proficiunt, quas ipse deu sper se in animam tuam fuderit. Verumtamen initium poteris ex aliorum dictis habere, quod ego in meipso expertus sum. Si enim contempseris doctrinam doctorum, et putaveris te melius aliquid posse invenire, quam ipsi te docent in scriptis suis, scito, quod amorem Christi non gustabis.

Die letztere Bemerkung steht nicht allein; aus verschiedenen Stellen geht hervor, dass er die Lehren der Patres für unanfechtbar hält und diese als unbedingte Autoritäten betrachtet. Die Kirchenlehrer waren schon von Augustinus und seinen Nachfolgern mit Regen und Segen spendenden Wolken verglichen worden, ein Vergleich, den Richard auch da wiederholt, wo er ihn in seiner Quelle nicht vorfand. Wie der Regen die Schleusen des Himmels öffnet und die Erde segnend befruchtet, so die Lehren der Patres die Ohren der Hörer, in deren Herzen dann die Saat des echten katholischen

Glaubens aufgeht. So zu Ps. 77, 27, wozu die lateinische Erklärung zu demselben Verse zu stellen ist (Cöln. Ausg. fol. XLIVc): *Et mandavit nubibus desuper*, id est, sanctis praedicatoribus desuper habentibus, quod pluant praedicando *et januas coeli*, id est, scientiam scripturarum *aperuit* illis praedicatoribus etc.

Vgl. ferner Ps. 35, 5 und 134, 7.

Ihm sind die Patres und Doctores Boten Gottes, der sie gesandt hat zur Erklärung seines Wortes. Dabei betont er ausdrücklich, dass die Gnade Gottes zur Zeit noch grade so mächtig wirke, als in den Uranfängen des Christentums, dass diejenigen, die zur Stunde das Wort Gottes predigten und erklärten, dieselbe Berechtigung hätten, wie einst die Kirchenväter, wie aus der bereits angeführten Erklärung zu Hiob XIII, 25 hervorgeht. Die Priester sind oder sollen treue Berater sein, geistige Väter, die für das Seelenheil der Menschen sorgen: Canticum Moysis II, 9 und zu derselben Stelle die Cöln. Ausg. des lateinischen Commentars: *Interroga patrem tuum*, spiritualem, id est praelatum ecclesiae et *annunciabit tibi ea*, quae desideras scire de Christo.

Engel und Heilige sind die Freunde der Menschen, vgl. Cöln. Ausg. fol. CVIIId (zu Hiob XIX): Et nota quoda ngelos et sanctos vocat amicos, quia dum in via dei veraciter persistimus coelestes profecto et cives amicos habemus.

Man sieht hier Richard ganz und gar auf dem Boden des Katholicismus stehen. Auch weiterhin kann man sich überzeugen, dass er in keinem Punkte von der katholischen Lehre abweicht, und dass er heftig genug eifert gegen diejenigen, welche dieselbe mit philosophischen Gründen angreifen. So zu Ps. 45, 9; der lateinische Commentar hat hier: *arcum conteret*, id est, insidiosas et dolosas argumentationes *et confringet arma*, id est philosophicas disputationes, quibus armabantur philosophi.

Desgleichen glaubt Richard gegen Aristoteles auftreten zu müssen, um dessen Behauptung zu widerlegen, Gott habe nicht die Welt aus nichts erschaffen können. So im lateinischen Commentar zu Ps. 148, 5:

Creare enim est aliquid de nihilo facere, quod est contra Aristotelem et ejus sequaces, qui non potuerunt credere, quod deus mundum de nihilo creavit, et ideo posuerunt mundum aeternum, dicentes de nihilo nihil fit, sed nimis deviabant, qui in tantum potentiae dei derogare conabantur, quod non posset aliquid facere, nisi de materia, hoc enim homo potest.

Gegen die Ketzer tritt er eben so scharf auf, wie gegen alle anderen Sünder. Ja, er bezieht manches Wort des Psalmisten

auf die Haeretiker, welches in seiner Quelle anders erklärt ist.
So zu Ps. 21, 17 (Cöln. Ausg. fol. XIIb): *Circumdederunt me
canes multi*, id est, haeretici et falsi Christiani qui, contra
Christum et ecclesiam ore et opere blasphemantes, quasi canes
latrant. Ebenso zu Ps. 67, 33 (Cöln. Ausg. fol. XXXVIa): *In-
crepa feras*, id est, haereticos devoratores' eorum qui omni
vento doctrinae agitantur et non intelligendo nocent. In der
Abhandlung „de lectione" (Cöln. Ausg. fol. CXXXIXc) wird
das Bibellesen empfohlen: Si cupis ad amorem dei pervenire,
non sis negligens ad meditandum et legendum sacram scripturam. Zu Ps. 2, 4 (fol. VIIb der Cöln. Ausg.) bemerkt Richard
aber, dass die Ketzer die Schrift wohl lesen, aber dadurch
verderben, dass sie einen falschen Sinn unterlegen. Sed vero
quia nolunt fieri discipuli exponentium, facti sunt magistri
errorum.

Bei dieser Stelle hat der dominikanische Veranstalter der
Cölner Ausgabe die Randbemerkung gemacht: haereticorum
superbia. Zweck dieser 1536 erschienenen Ausgabe war die
Bekämpfung der Reformation, die eben mächtig ihre Schwingen
regte. In der Vorrede wird Richard ins Feld geführt gegen
Luther, die reine katholische Lehre gegen die „neue Ketzerei".
Der Herausgeber sieht die Kirche bedroht „in uno Germaniae
angulo haereseos perfidiaeque semine", tadelt das friedenstörende
Verhalten der Bauern („agricolarum insanae turmae") und führt
dann fort: Commentarios itaque Richardi anglici eremitae, et
viri citra omnem jactantiam et eruditi ac pii, in omnes Davi-
dicos Psalmos, in Threnos Jeremiae . . . . ad communem omnium catholicorum consolationem utilitatemque transmittimus.

Dies ist ein genügender Beweis dafür, dass Richard ein
echter Katholik war, dass er auch nicht das Geringste an den
Lehren der Kirche angetastet, alle Dogmen geglaubt und ihnen
in seinen Schriften Geltung zu verschaffen gesucht hat. Wie
Bramley, Vorrede S. XIV und XV bemerkt, finden sich in
seinen Werken auch eine Reihe von kirchlichen Gebräuchen
erwähnt, so die häufige Benutzung der Busspsalmen, besonders
von Psalm 50, die sogenannten Stufenpsalmen, ferner diejenigen,
welche man bei Beerdigungen sang. Doch darf man hierin
nicht besondere englische Gebräuche erblicken wollen, da sich
alle diese Angaben auch in Richards Quellen vorfinden. Vgl.
S. 42 u. ff.

Obwohl nun Richard an den Lehren der Kirche, der
„ancilla dei" (Ps. 115, 6), keineswegs gerüttelt, dieselben vielmehr
nach allen Seiten hin zu kräftigen gesucht hat, so haben seine
Werke doch mit zur Reformation beigetragen, wie Bramley,

Vorrede S. XII richtig bemerkt. Die grossartige Verderbtheit
in der Gesellschaft, zumal in den höheren Kreisen bis hinauf
zum Könige, besonders aber bei der Geistlichkeit, hat ihn
empört und seine Entrüstung darüber hat ihm kräftige Worte
des Tadels eingegeben, die ihre Wirkung nicht verfehlt haben
werden. Und weil sie so mächtigen Eindruck machten, weil
sich die Kreise, auf die er es abgesehen hatte, so empfindlich
getroffen fühlten, so wird hierdurch, wie oben bereits angedeutet,
die Feindschaft der Grossen gegen den Einsiedler von Hampole
gekommen sein. Diese Seite seiner Schriften ist die anziehendste,
und es lässt sich vielleicht aus diesen Anspielungen etwas
schliessen auf die Entstehungszeit des Psalmencommentars;
doch darf man dabei nicht die Punkte ausser Acht lassen, die
ich zu Anfang dieser Schrift anführte. Denn die Schriftsteller
haben zu allen Zeiten gegen Schäden in der Gesellschaft
geschrieben. In allen Fällen jedoch, wo unser Verfasser ein
„nunc" oder „now" seiner Bemerkung beigefügt hat, ist ein
Zweifel nicht möglich, und derartigen Aeusserungen darf man
ruhig historische Wahrheit beimessen.

Richard war ein eifriger Freund des Volkes, und das
Wohl desselben lag ihm sehr am Herzen. Kein Wunder also,
dass sich sein Blick auf diejenigen richtete, welchen die Sorge
für das Volk anvertraut war, und dass er, als sich bei diesen
nur Laster fanden, seine Angriffe gegen den König, die Geistlichkeit und die Grossen des Landes richtete. Er setzte natürlich das geistliche Heil über das körperliche, das Wohl der
Geistlichen bedingte ihm das Seelenheil des Volkes, deshalb
ist er vor allem bemüht, die Geistlichkeit durch seinen Tadel
zu bessern, ihr einen Spiegel vorzuhalten, zu betonen, welche
Schande grade sie durch einen schlechten Lebenswandel auf
sich lüden. Sie sollten eifrig studieren in den Kirchenlehrern
und sich verdient machen um die Sammlung heiliger Bücher.
Cöln. Ausg. fol. CIXb (zu Hiob XIX): Est enim magnum
meritum ipsis, qui colligunt sanctos libros, ut ipsi quaerant in
eis, quomodo sancte vivant, et alii illos habeant, qui post eos
venturi sunt.

Doch streben sie leider nicht nach solchem Verdienst.
Gelehrsamkeit und Weisheit, einen gesunden Geist hat er bei
ihnen nicht gefunden, den Studien sind sie entfremdet, sie sind
lieblos und ohne Barmherzigkeit. Die guten Werke mangeln
ihnen. Cöln. Ausg. fol. CXXVIIId (in Threnos Jeremiae IV)
Erraverunt sacerdotes, caeci sine lumine scientiae et charitatis.
Vgl. ferner Oratio Abacuc 28:
Mentietur opus olivae, id est, reges et sacerdotes, a
misericordia et bono opere deficient quae promiserunt *et arva,*

id est subditi *non afferent cibum*, id est, non dabunt fructum, unde satietur deus.

Aber dies ist nicht das Schlimmste, was er ihnen vorzuwerfen hat, sie führen einen lüderlichen Lebenswandel und sind allen Lastern ergeben. Sie sorgen nicht für die ihrer Obhut anvertrauten Seelen und werden dadurch zu Mördern derselben. Sie sündigen schamlos und frech. Vgl. (Cöln. Ausg. fol. XLIVc) Ps. 77, 25: *Ignis*, concupiscentiae *accensus est in Jacob*, id est, in sacerdotibus, qui vitiis reluctari deberent, *et ira ascendit*, id est, augmentatur; *in Israel*, id est, in praelatis, qui jugiter deberent assistere contemplationi dei, ut qui est in sordibus sordescat adhuc.

Zu Ps. 77, 43 (Cöln. Ausg. fol. XLVa) Praelati incrassati divitiis et gratia mundi non curant de gratia dei.

In Thren. Jer. II (Cöln. Ausg. CXXVIc) *Reges ejus et principes* tam ecclesiastici quam saeculares *in gentibus*, id est, operibus gentilium, scilicet cupiditate, et superbia, avaritia et aliis captivantur.

Ps. 13, 8 (Cöln. Ausg. fol. VIIIa) Hoc tangit sacerdotes qui populum domini devorant, dum sua commoda ex illo quaerunt non referentes ministerium suum ad gloriam dei et ad salutem animarum quibus praesunt.

In der Quelle wird nicht von einer bestimmten Klasse gesprochen, sondern von allen, die ihr Amt schlecht verwalten.

Vgl. ferner Ps. 78, 11 (Cöln. Ausg. fol. XLVId): *Ultio*, id est, poena aeterna *sanguinis servorum tuorum*, id est, mortis illorum, qui defectu rectorum in anima moriuntur, sanguis enim, id est, mors subditorum de manu praelatorum requiretur *qui effusus est*, id est, mors illa evenit propter insolentiam praedicationis et obscurae conversationis etc.

An anderer Stelle, zu Ps. 88, 40 wird davon gesprochen, dass das Volk verführt werde durch das böse Beispiel der Priester. Die Schwachen verfallen der Sünde „dum vident malam vitam clericorum".

Vgl. endlich Ps. 106, 26 und 27 und Cöln. Ausg. fol. CIVd (zu Hiob XIV): Aut enim sacerdotes comessationibus et ebrietatibus et impudicitiis atque illicitis lucris deserviunt.

Bei einem Manne wie Richard klingt folgende launige Auslassung gegen die faulen und weltlich gesinnten Geistlichen sehr merkwürdig, ich meine den lateinischen Commentar zu Ps. 78, 1: Curant de animalibus non de animabus, student in Marca, non in Marco, gaudent in libra, non in libro.

Der englische Commentar zu derselben Stelle klagt, dass schlechte, bösen Lüsten fröhnende Menschen geistliche Würden erlangten „thorgh maystry and symony".

Die Geistlichen werden der Bestechlichkeit und Ungerechtigkeit angeschuldigt; so Ps. 54, 10. Zu Ps. 77, 41 tadelt er die Habsucht der Prediger seiner Zeit, die nach nichts anderem streben, als nach Reichtum: „as hirdes of haly kirke dos now". Der lateinische Commentar lautet hier: *Cor autem eorum non erat rectum cum eo*, quia non serviunt deo propter deum, sed ut mercenarii pro temporali lucro, sicut nunc ubi invenitur, vel unus pastor . . . . qui suas delitias, divitias et honores concupiscat . . . . Je schlechter aber die Diener der Kirche ihre Pflichten erfüllten, um so strenger und herrischer forderten sie ihre Rechte ein. Diese lasterhafte, faule und habgierige Geistlichkeit musste natürlich den frommen Einsiedler empören, der sein ganzes Leben der Tugend und ernster Arbeit gewidmet hatte, und der nichts so hoch pries, als Demut und Armut. So ruft er denn ein Wehe herab auf sie, welches nicht spurlos verhallt sein wird:

Zu Hiob XVII (Cöln. Ausg. fol. CVIId): Vae presbyteris, qui tanto zelo et clamore decimas et ea, quae ad altare pertinent exigunt, et de animabus parochianorum tam parum curant. Instanter petunt pecuniam, sed raro aut nunquam proferunt sermonem, excommunicant illos qui ab ecclesiis jura sua subtrahunt, et ipsi sacerdotes primo excommunicantur, quia ecclesiam Christi ut tenentur, non regunt . . . Imo vae vobis quia curam, quam nescitis, accipitis, vos et subditos in infernum inferiorem demergitis! Vgl. auch Ps. 72, 17.

Den Laien, welche das Lasterleben der Geistlichen sehen, werden sie zum Spotte. Vgl. Ps. 78, 4 und den lateinischen Commentar zu dieser Stelle (Cöln. Ausg. fol. XLVIc): *Facti sumus obprobrium vicinis nostris,* id est laicis videntibus nos et exprobrantibus. Ecce quid clerici faciunt! *subsannatio et illusio,* id est ridiculum facti sumus *his qui in circuitu nostro sunt,* id est, circumquaque intuentibus nos, unde ecclesia gemens dicit . . . . .

An zwei Stellen spricht Richard auch von den Mönchen. Der Weg durchs mönchische Leben soll sein wie der Wüstenweg mit seinen Schrecknissen und Entbehrungen. Vgl. Cöln. Ausg. fol. CXXIXa (in Thren. Jer. IV). Leider sind aber die Mönche nur zu begierig nach den Freuden dieser Welt und grade den verbotensten gehen sie nach. Vgl. Cöln. Ausg. fol. CXXVIIIc (in Thren. Jer. IV): *Dispersi sunt lapides sanctuarii,* id est monachi rebus saecularibus implicantur et virginum castitas multis illecebris exponitur.

Aus einer grossen Anzahl von weiteren Stellen liessen sich noch mehr Beweise für die Verderbtheit des Klerus jener Zeit anführen, doch dürfte das bisher Gegebene ausreichend sein.

Ich wende mich nun zu den Zeugnissen über die Lasterhaftigkeit bei Hofe, bei den Reichen und den Grossen des
Landes. Sie sind nicht weniger zahlreich, wie die Auslassungen
gegen die Priester, und entwerfen hier ein ebenso schlimmes
Bild, wie dort. Die Könige seiner Zeit verbringen ihr Leben „im Schmutz
der Sünde", Ps. 104, 28. Sie sind wollüstig, hochmütig und
habgierig. Er charakterisiert sie wie die Geistlichen als er-
barmungslos und ohne gute Werke. Siehe oben Seite 14 und
15 zu Oratio Abacuc 28 und Cöln. Ausg. CXXVIc. Sie
misshandeln ihre Unterthanen und regieren schlecht, kurz, er
nennt sie blutdürstige Tyrannen, die in ihrem Hochmut auf
Gott nicht vertrauen. Man vergleiche dazu folgende Stellen,
wo der lateinische Commentar ebenso lautet: 82, 11, 45, 2
u. 3. Dazu stelle man Canticum Moysis 17: *Tunc contur-
bati sunt principes Edom*, id est terreni reges humanum sangui-
nem sitientes *robustos Moab*, id est superbos qui sunt ex
patre diabolo *obtinuit tremor*, ignis gehennalis judicante
Christo u. s. w. Cöln. Ausg. fol. CXXXIIIa: Est ideo quia
tales nec reges sunt nec in domino sperant, stare non possunt,
sed commovebuntur et peribunt.

An den verschiedensten Stellen eifert Richard gegen den
Hochmut, besonders da, wo er sich in überladen prächtiger
Kleidung und in sogenannten vornehmen Passionen offenbart.
Er nennt den Stolz eine Knechtschaft des Teufels. Ps. 73, 6,
Cöln. Ausg. fol. XLIb: *Signa* superbiae suae signa pompaticae
et vanae gloriae. Est verissimum diabolicae servitutis signum.

Hochmut und Prachtliebe müssen damals wohl ziemlich
auffällig zu Tage getreten sein; das geht besonders aus dem
Missfallen hervor, welches die derzeitige Kleidung bei Richard
erregt hat. Vgl. Ps. 96, 7. Ps. 135, 20, Cöln. Ausgabe
fol. LXXVIIb: *Et Og regem Basan*, id est superbiam, quae
vanis viris et mulieribus divitias habentibus dominatur, quos
oportet confundi vel hic temporaliter, vel in futuro aeternaliter:
quorum superbia et vanitas patet in vestibus et superfluo ornatu:
et dicunt se non peccare, quia omnes sic faciunt, sed sciant,
quod eo magis peccatum est et amplius offendunt deum.[1]

Besonders klagt er über die Prunkliebe und Ueppigkeit
der jungen Mädchen, von denen er grade Demut und Wohl-
anständigkeit verlangt. Cöln. Ausg. fol. CXXIVb (in Thren.
Jer. I): Decor enim in omnibus fidelibus est, sed maxime in
sacerdotibus et virginibus apparere deberet.

---

[1] Doch ist der Commentar zu Ps. 146, 11 aus Petrus Lombardus
geschöpft.

2

Doch sieht er sich grade durch das Gegenteil zu folgenden Klagen veranlasst. Cöln. Ausg. fol. LXXXc: *Filiae eorum compositae,* id est, cum magna solicitudine praeparatae et comptae, ut amatoribus istius saeculi amabiles et habiles reddantur, *circumornatae,* id est, ex omni parte ornatae, ut major sit ornatus, quam ipsa puella *ut similitudo templi,* id est, ad similitudinem ecclesiae se ornant, quia sicut sancta dei ecclesia se virtutibus ornare studet ut sponso suo Jesu immortali placeat: sic et illae filiae divitum omnem diligentiam suam impendunt ut hominibus placere possint. Quod non solum vanum sed etiam insanum est. Dum enim sic florent in conspectu hominum funditus arescunt, imo et foetent in oculis angelorum. Reprehenduntur et hic divites qui filios et filias superflue ornari procurant. Sic enim nutriunt eos ad lasciviam et inobedientiam mandatis dei, et faciunt eos filios gehennae. Hi sunt qui gaudent in terrenis rebus et praeponunt transitoria aeternis.

Man vergleiche auch Canticum Mariae v. 2.

Kleinere Streiflichter auf Verhältnisse seiner Zeit finden sich noch an mehreren Stellen. So klagt er Ps. 80, 8 über die Verderbtheit der Menschen seiner Zeit, die Gold und Silber höher schätzen, als Gott und ihr Seelenheil. Ps. 104, 29 fällt ein Hieb ab auf den Stolz der Lords. An vielen Stellen wird von Unmässigkeit beim Essen und Trinken gesprochen, so Cöln. Ausg. fol. CI d (zu Hiob XIII). Er ermahnt zum Masshalten und bittet, beim Mahle Gott nicht zu vergessen, von dem Alles komme. Cöln. Ausg. fol. CXXXVIIa (De institutione vitae).

Die „merkwürdige Stelle" (Bramley, Vorr. p. XIV) über Theater, Seiltänzer u. s. w., steht fast mit denselben Worten in der Quelle. Siehe unter C, „die Quellen zu Richards Psalmen", Ps. 39, 6 u. 7.

In mehreren Stellen will Bramley Anspielungen auf die profanen Flüche erblicken, „die bis auf den heutigen Tag der englichen Sprache verblieben sind". An den angeführten Stellen 73, 19 u. 23 spricht aber der Psalmist selber von Lästerungen Gottes und legt somit eine Auslegung nahe, wie sie Richard und auch viel andere Erklärer gegeben haben. Bei Ps. 84, 7 mag eine bestimmte Anspielung vorliegen.

Wie Richard fest hält an dem Glauben seiner Zeit, so auch am Aberglauben. Dazu vergleiche man folgende Stellen: 41, 1; 57, 4; 90, 13; 101, 7 u. 29; 102, 5 u. 146, 10.

Doch bekämpft er zu 74, 5 diejenigen, welche ihre Sünden entschuldigen mit der Notwendigkeit des Geschickes, der man nicht ausweichen könne, denn diese Ansicht steht im Widerspruche zu der christlichen Prädestinationslehre. Dass man dem 7. Verse des 115. Psalms eine besondere übernatürliche Kraft zuschrieb, erwähnt er; auch war er wohl von dieser Wunderthätigkeit überzeugt. Petrus Lombardus hat hier: Iste versus tantae virtutis creditur, ut peccata homini dimittantur, si in fine vitae trina confessione dicatur. Damit stimmt der lateinische Commentar Richards fast wörtlich überein: Iste versus tantae creditur esse virtutis quod si in fine vitae trina confessione dicatur, peccata dicentis dimittentur.

Ich gehe jetzt zu einer Untersuchung der Gründe über, die Bramley für seine Bestimmung der Abfassungszeit des englischen Psalmencommentars geltend macht. Zunächst hat er in der Aeusserung über die Pestilenz im ersten Verse des Psalters eine Anspielung auf eine Pest im Anfange des 14. Jahrhunderts erblickt. Da aber hier der Psalmist von der Pest spricht, so ist es doch kein Wunder, wenn es auch der Erklärer thut. Ich vermag nicht einzusehen, wie man aus dieser ganz allgemeinen Aeusserung Schlussfolgerungen auf eine bestimmte Begebenheit ziehen kann. Die Psalmenausleger, auch Richard in seinem lateinischen Commentar, haben dem Augustinus mehr oder weniger getreu folgende Erklärung nachgeschrieben: Et in cathedra pestilentiae non sedit. Noluit regnum terrenum cum superbia: qua igitur cathedra pestilentiae recte intelligitur, quia non fere quisquam est qui careat amore dominandi et humanam non appetat gloriam. Pestilentia est enim morbus late pervagatus, et omnes aut pene omnes involvens.

Bei Petrus Lombardus, den Richard wohl benutzte, lautet die Stelle: Est enim pestilentia morbus late pervagatus, omnes aut paenae omnes involvens, et dicitur a pastu, quasi pastulentia . . . Hic est amor dominandi quo vix caret aliquis. Vel cathedra pestilentiae accommodatius accipitur prava et perniciosa doctrina, quae ut cancer serpit. Et est in cathedra pestilentiae non sedit. Dass man unter solchen Umständen der Stelle keinen besonderen Wert beilegen, oder sie gar auf eine bestimmte Pest beziehen darf, wie Bramley, Vorr. pag. XV, thut, leuchtet wohl ein.

Den Commentar zu Ps. 88, 39 deutet der Herausgeber auf Vorkommnisse zur Zeit der Abfassung des Commentars. Allein auch hier erweist sich seine Vermutung als unrichtig. Erstens hat der lateinische Commentar eines Prälatenmordes überhaupt nicht Erwähnung gethan, was schwerlich übergangen sein dürfte, wenn die Erklärung von Ps. 88, 39 im englischen Commentar durch die Ermordung zeitgenössischer Prälaten veranlasst worden wäre. Zweitens müsste an dieser Stelle im

Präsens erzählt werden, Richard spricht aber im Tempus der Vergangenheit, in erzählendem Tone. Drittens liefern entsprechende Stellen bei mehreren Kirchenschriftstellern den Beweis, dass hier von geschichtlichen Thatsachen gesprochen wird, dass Prälaten und Priester erschlagen worden seien; und davon bietet ja auch die Geschichte Beispiele. Dieselbe Erklärung dieser Stelle haben Beda, Remigius und Bruno Carthusianus. Letzterer schreibt z. B.:

Destruxisti omnes sepes ejus sanctuarii, id est, permittes destrui corporea interfectione praelatos ecclesiae, munientes ipsam ecclesiam doctrina et exemplo suo . . . pones firmamentum ejus sanctuarii formidinem, id est causas formidinis . . . formidine destructionis praelatorum.[1])

Die Vermutung Bramleys, hier sei auf die Ermordung des Walter de Stapledon angespielt, wird hierdurch wohl zur Genüge als unbegründet erwiesen.

Nach dem bisher Gesagten darf man auch eine direkte Erwähnung des Königsmordes vom 21. September 1327 weder voraussetzen oder erwarten, noch auch aus dem Fehlen einer solchen etwas schliessen wollen auf die Abfassungszeit des Psalters. Der Versuch Bramleys, dieselbe festzustellen, ist somit als nicht gelungen zu bezeichnen.

Es ist wohl überhaupt nicht soviel Material vorhanden, um ein bestimmtes Jahr zu nennen. Die bezeichnendste und nach meiner Ansicht für die Zeitbestimmung wichtigste Aeusserung ist der Commentar zu Ps. 106, 40. Wahrlich, hier hat das Mitleid mit dem Unglück des Vaterlandes die Feder des Verfassers geführt! Hier hat Richard, allem Autoritätenglauben zum Trotz, eine eigene Erklärung untergelegt, entgegen der ausdrücklichen Vermahnung des Gregorius, dass die Stelle nur auf die Ketzer zu beziehen sei. Richard musste nämlich bei seiner Hauptquelle Petrus Lombardus, dem er fast auf Schritt und Tritt folgt, ohne Zweifel in der „collatio in psalmum CVI" aus Gregorius citiert finden: Qui hoc loco alii duces intelligi vel principes possunt, nisi haereticae pravitatis auctores. De quibus per psalmum dicitur: Effusa u. s. w. Invenio tamen aliquot vetustos tractatores qui „contentionem" olim legerunt et exposuerunt.

Es sollte „contemptus", wie auch Augustinus hat, gelesen werden. Dass nun Richard trotz alledem eine andere Erklärung wählte, eine solche, die ihm jedenfalls viel näher lag, zeugt für die Wichtigkeit, die wie dieser Auslassung bei-

---

[1]) Brunonis Carthusiani expositio in psalmos ed. Petreius, Coloniae 1611 u. Migne Bd. CLII.

messen dürfen. Diese Stelle und die Anspielungen auf böse Fürsten, auf die Verderbtheit der Geistlichen sowie der Grossen des Landes sind die einzigen Anhaltepunkte für eine ungefähre Zeitbestimmung. Wenn man aber bedenkt, dass die Kirchenlehrer und Theologen von jeher gegen Lasterhaftigkeit und Reichtum geeifert haben, so wird man aus derlei Anspielungen bei Richard, obwohl sie häufiger, als bei den anderen und hier und da bestimmter sind, doch nicht allzuviel folgern wollen. Aus Ps. 106, 4 geht aber mit Sicherheit hervor, dass Krieg im Lande war, und die Worte „that now ledis their life in the filthe of syn" weisen unzweideutig auf sehr arge Verhältnisse am Hofe hin. Es liegt nahe, in Ps. 106, 40 eine Anspielung auf den 1329 nach Robert Bruce's Tode sich erneuernden Krieg zwischen Schottland und England zu erblicken, und in den eben angeführten Worten und ähnlichen Stellen Hindeutungen auf die Misswirtschaft unter Eduard II. zu vermuten, auf sein Treiben mit unwürdigen Günstlingen, auf die Verschwörung seiner verbrecherischen Gemahlin Isabella und ihres Günstlings Mortimer gegen ihn, endlich auf seine grauenvolle Ermordung 1327. Richard wird seinen englischen Psalmencommentar etwa 1330 vollendet haben.

B. Die Handschriften.

Der englische Commentar des Einsiedlers von Hampole ist uns in 14 Handschriften überliefert, Bramley, Vorr. pag. XX—XXIV.

Ein genaues Verwandschaftsverhältnis der Handschriften herzustellen, ist nach den mitgeteilten kurzen Proben (Bramley, Vorr. pag. XVIII—XX) nicht möglich, dies bleibt demjenigen vorbehalten, der an Ort und Stelle eine eingehendere Prüfung vornehmen kann.

1. MS. Univ. Coll. LXIV (U).
2. MS. Coll. Sidney Sussex Cantab. $\varDelta$ 5. 3. (S).
3. MS. Laud 286 (L).
4. MS. Tanner 1 (T).
5. MS. Laud 321 (L^1).
6. MS. Laud 448 (L^2).
7. MS. Bodl. 467 (B).
8. MS. Magd. Coll. 52 (M).
9. MS. Univ. Coll. LVI (U^2).
10. MS. Bodl. 953 (B^1).
11. MS. Bodl. 877 (B^2).
12. MS. Bodl. 288 (B^3).
13. MS. Newcastle (N).
14. MS. Tanner 16 (T^1).

Aus den mitgeteilten Proben lässt sich folgendes ersehen: Die 14 hss. teilen sich in 2 Gruppen, eine interpolierte kleinere Gruppe B^2, B^3, T^1 (Y), und eine grössere nicht interpolierte Gruppe (X), zu welcher zunächst die 11 übrigen hss. zu rechnen sind. Die Gruppe Y ist von Ps. 80, 7 an, nur durch B^2 u. B^3 vertreten, da aber T^1 in dem erhaltenen Teile ebenso wie B^2 und B^3 interpoliert ist, so darf man es mit Sicherheit zu der Gruppe Y stellen. Die Proben sind den Erklärungen zu Ps. 39, 16 u. 90, 13 entnommen.

·Lesarten von Y, die in X fehlen, sind:

1. myn owen, 2. as clerkes seyn, 3. in the eyr, 4. his styngyng is wounde incurable in what thing the stingeth. (1. aus Ps. 39, 16; 2, 3 u. 4 aus 90, 13).

An drei Stellen finden sich sodann mehr oder weniger bedeutende Abweichungen.

1. Ps. 39, 16: For synnes of myself and othere mennys to the which I am evere redy to assente, assailith me eche tyme (of this tyme) of this (my) lijf (Y).

For na man may wit hou many vices ere that men ere tangild with (X).

2. Ps. 90, 13: The snake (werpith or) leith an ey and the tode norishith the egge (Y).

The snake werpis (leith) and the tade norishis the eg. (X).

3. ebenda: fleynge aboven him (Y) that fleghis aboven him (X).

Innerhalb der nicht interpolierten Gruppe X scheiden sich leicht mehrere kleinere Handschriftengruppen auf Grund gemeinschaftlicher Lesarten aus.

a. Gruppe Z (L² U²). Die beiden hss. dieser Gruppe haben zunächst eine verderbte Lesart: his stynkyng smell sleeth serpentis that folowen and flien aboven him.

Ferner:
1. the egges (Z); the eg (die übrigen).
2. he has in his heed (Z); is in his (the, N.) heued (die übr.)
3. bred (Z); broght (forth) (die übr.)
4. to make (Z); that makes (die übr.)
5. sleeth (Z); slees him (die übr.)

b. Handschrift B hat dieselbe Stelle wie Z verderbt, nur ist sie in B noch mehr entstellt: hys stynkand smell slase serpents hys fologhys that fleghis abouen him. Sodann hat B das vereinzelte snaryd und thou thou salle gaa.

c. Gruppe W. (T L¹ M) scheidet sich von den übrigen hss. durch vier Lesarten: 1. bewrapped; 2. no man wythe may; 3 that he hadde; 4. for umgifen han me.

d. Handschrift B¹ weicht von den noch übrigen 5 hss. am meisten ab. In U S L N haben wir die besten und ältesten hss. Von diesen zeigen U u. N am meisten den ursprünglichen Dialekt des Werkes, denjenigen von Yorkshire, die Sprache Richards. Dafür zeugen die Formen na, ga, tade, sal, stynkand, lifand u. s. w. Nördliche Wörter: illes, whilke, ande. Diesen nahe steht die Handschrift L, doch treten hier schon südliche Formen auf: go, mony, · tode, shal, no, onde. Die Handschrift S endlich zeigt schon südliche Flexion: [thai] hathe. Dazu Wörter wie whiche und euels.

Diese 4 Hss., besonders U S N sind auch die zuverlässigsten. U u. S gehen sehr oft zusammen, wofür fast auf jeder Seite des Buches Beweise. Dass alle Hss. Fehler enthalten, so dass jedenfalls die Urhandschrift in keiner der bis jetzt bekannten Hss. vorliegt, denke ich unter D, „Bemerkungen zum Texte", darzuthun.

C. Die Quellen von Richards Psalmen.

Der Commentar macht keinen Anspruch darauf, als eigenes Erzeugnis Richards von Hampole betrachtet zu werden. Er folgt, wie wir in der Vorrede lesen „haly doctours". Der Verfasser führt folgende Quellen an: Augustinus, Aquila[1]), Hrabanus, Cassiodorius, Remigius, Strabus und „die Glosse". (Bramley, Vorr. p. XVI). Trotzdem ergab meine Untersuchung, dass der englische Commentar keine direkte Compilation aus den Kirchenvätern ist, sondern mit einigen Auslassungen und Zusätzen sich als eine Uebersetzung von Petri Lombardi „commentarium in psalmos"[2]) erweist. Dass sich dieser Name auch nicht ein einziges Mal in dem ganzen Werke findet, dass Richard vielmehr bemüht ist, seine Leser glauben zu machen, er habe die Kirchenväter benutzt — was ja allerdings hier und da geschehen ist — scheint mir ganz klar zu beweisen, dass er nicht wagte, seine wahre Quelle zu nennen. Ich habe in den sämtlichen Schriften des Einsiedlers den eigentlichen Gewährsmann nur einmal erwähnt gefunden, nämlich im lateinischen Commentar zu Ps. 118, 11: haec secundum glosam Lumbardi.

Dies merkwürdige Verhalten Richards darf man wohl mit Recht als eine litterarische Unredlichkeit tadeln. Doch es

---

[1]) Aquila, ($"A\varkappa\upsilon\lambda\alpha\varsigma$), heidnischer Grieche des zweiten Jahrhunderts, der zum Christentum und dann zum Judentum übertrat und eine wegen ihrer Treue und Wörtlichkeit bekannte griechische Uebersetzung des a. T. anfertigte. Er wird oft bei Hieronymus angeführt, später bei Petrus Lombardus, und durch diesen hatte Richard Kunde von ihm, wie wir unten sehen werden. (Vgl. Realencyclopädie für protest. Theol. II 438).

[2]) Patrologia latina ed. Migne Bd. CXCI.

ist nichtsdestoweniger erklärlich. Ich habe unter A erwähnt, wie sehr man es übel nahm, wenn jemand aus dem Augustinus nicht in erster Linie compilierte. Richard zog deshalb auch vor, diesen statt seines eigentlichen Gewährsmannes an erster Stelle als Quelle zu nennen, obwohl auch der magister sententiarum sich eines fast canonischen Ansehens zu erfreuen hatte. Vor Entdeckung schützte ihn einigermaassen der Umstand, dass der von ihm benutzte Commentar ein getreuer Auszug aus den Kirchenvätern ist, besonders aus Augustinus, Cassiodorius, Alcuinus, Ambrosius, Hieronymus, Remigius; auch Haymo Halberstatensis, Beda, Gregorius, Isidorus und die glossa interlinealis des Anselmus Laudunensis sind benutzt.

Petrus Lombardus (vgl. Migne, Patrologia latina Bd. CXIC, Vorr. Spalte 11, 12 u. 13) geboren im Gebiete der Stadt Novara in der Lombardei, aus armer Familie, hatte das Glück, einen hohen Gönner zu finden, der ihn zu Bologna studieren liess. Mit Empfehlungsbriefen des Bischofs von Lucca ging er nach Frankreich. In Paris erhielt er einen theologischen Lehrstuhl. Nach Jahren ernsten Fleisses ward er, mit reichen Anlagen begabt, zum Lohne für die Dienste, die er der Kirche durch seine Schriften geleistet hatte, Bischof von Paris. Aber schon im nächsten Jahre durch Maurice de Sully ersetzt, starb er 1164.

Der hohe Grad der Vollendung der Werke des Petrus Lombardus veranlasste, dass man ihn als Meister betrachtete, seinen Weg verliess, und ihn einfach abschrieb. Während er nämlich das Beste aus den Schriften von Kirchenschriftstellern alter und neuer Zeit gesammelt hatte, erachtete man nach ihm ein Zurückgehen auf die Kirchenväter für unnöthig und machte sich die Arbeit leichter. So auch Richard.

Petrus Lombardus war einer der hervorragendsten scholastischen Philosophen, seine Auslegung war, wie üblich, die mystische. Wendungen wie „mystice quoque potest accipi hoc" kommen oft bei ihm, wie auch bei Richard vor.

An zwei Stellen wird „the glose" citiert, Ps. 26, 11 und 41, 5. Hier scheint beidemal der Commentar des Petrus Lombardus gemeint zu sein, ich finde wenigstens nirgends eine besser stimmende Quelle. Zu Ps. 26, 11 heisst es: Psalmum dicam, id est, opus manifestabo.

Ps. 41, 5: Ego dico, existens in voce exsultationis et confessionis sonus epulantis, id est, captus suavitate laudis angelicae quae suscipitur mente.

Was nun die übrigen Quellencitate bei Richard anlangt, so ergiebt hier eine Prüfung ein überraschendes Ergebnis. Ich habe nämlich die betreffenden Stellen bei den dort angeführten Verfassern verglichen, habe aber bei ihnen nirgends Erklärungen finden können, wie sie ihnen Richard unterlegt. Grade hier giebt nun auch die Hauptquelle Petrus Lombardus meistens keine Aufklärung. Das Citat aus Augustinus Ps. 1, 1 findet sich bei diesem am angeführten Orte nicht. Ebensowenig bei Petrus Lombardus. Aquila wird Ps. 40, 14 angeführt; diese Stelle ist fast wörtlich aus Petrus Lombardus genommen: Pro „fiat, fiat" in hebraeo scribitur „amen, amen", quod Aquila „vere" id est „fideliter" transtulit.

Hrabanus und Cassiodorius werden Ps. 101, 7 citiert. Hrabanus Maurus spricht hier über drei Arten von Menschen. Richard sagt auch „thre maner of men" spricht dann aber wie Cassiodorius nur von zwei Arten. Ueberdies wird in diesem Psalmverse garnicht von drei Vogelarten gesprochen. Hier muss also eine Unaufmerksamkeit auf Seiten des Verfassers vorliegen. Es ist nicht unwahrscheinlich, dass Richard hier einen Commentar benutzt hat, der sowohl aus Hrabanus Maurus wie aus Cassiodorius schöpfte. Zu Ps. 146, 10 wird Remigius als Quelle genannt. Bei diesem lautet die Stelle aber ganz anders. Es muss unserem Verfasser also eine Quelle vorgelegen haben, die er fälschlich für Remigius hielt, oder die sich unrichtiger Weise auf diesen berief. Die Erklärung stammt in Wahrheit aus Cassiodorius, dessen weitläufigem Commentare so manches Naturwissenschaftliche bei den späteren Erklärern entstammt. Ebenso verhält es sich mit der Berufung auf Strabus, Ps. 148, 4. Der Psalmencommentar des Walahfrid Strabo ist an dieser Stelle nicht benutzt, obwohl Richard diesen gewiss gekannt und hier und da benutzt hat, wie sich unten zeigen wird.

Will man nun den Einsiedler nicht absichtlicher Irreführung anklagen, so muss man annehmen, dass er neben dem Petrus Lombardus noch einen aus sehr vielen Schriftstellern kompilierten namenlosen Commentar an einigen Stellen benutzte. Aus diesem müssten dann die mancherlei Versehen bei der Quellenangabe gekommen sein.

Petrus Lombardus reicht fast überall aus, und das Wenige, was von ihm abweicht, ist entweder Eigenes von Richard, oder hier und da den Schriften anderer Kirchenlehrer entnommen. Hin und wieder hat Richard auch den Augustinus, Cassiodorius, Remigius, Rufinus, Beda und einige spätere Commentare nachgeschlagen.

Um ein Bild davon zu geben, wie Richard seine Quelle benutzt, greife ich einige Psalmen heraus und teile die Quellen zu denselben mit. Auch werde ich die Quellen zu wichtigeren einzelnen Versen angeben.

Die Vorrede zum Psalter enthält bei den nachaugustinischen Auslegern im Wesentlichen dieselben Punkte. Ich gebrauche folgende Abkürzungen:

Aug. = Augustinus[1])
Cass. = Cassiodorius[2])
P. L. = Petrus Lombardus.

Die Vorrede.

Canticum psalmorum animas decorat, invitat angelos in adjutorium, effugat daemones, expellit tenebras, efficit sanctitatem. Homini peccatori refectio mentis est, delet peccata, simile est eleemosynis sanctorum, parit fidem, sicut sol illuminat, deum ostendit, diabolum offendit, voluntatem illicitam extinguit. ‹ Oleum misericordiae est, sors laetitiae, pars angelorum electa, asperitatem lenit, omnem furorem deprimit, iracundiam frangit; laus dei assidua, simile est melli. Canticum psalmorum carmen electum apud deum. Omne peccatum expellit, vinculum charitatis commendat . . . . Sensum aperit, omne malum occidit, perfectionem instruit, excelsa demonstrat, desiderium regni coelestis dat, pacem inter corpus et animam facit. Ignem spiritalem in corde succendit, omnium vitiorum solicitudinem tollit. **Aug.** Dicta S. Augustini quot sint virtutes-psalmorum.

Vere coruscus liber, sermo lampabilis, cura fauciati cordis, favus interioris hominis, pinax spiritualium personarum, occultatum lingua virtutum que inclinat superbos, humiliatis reges pauperibus subdit, affabilitate parvulos nutrit. Tanta enim illic est pulchritudo sensuum et stillantium medicina verborum, ut merito hic illud Salomonis aptetur, quod dixit in cantico canticorum: „Hortus conclusus et fons signatus paradisus plenus omnium pomorum." Modo enim quidam psalmorum salutari institutione formati, turbidos et tempestuosos animos declinant in limpidam et tranquillissimam vitam: modo promittentes deum propter salutem credentium visualiter humanandum et ad judicandum orbem esse venturum: modo commonent lacrymis peccata diluere. Cantus qui aures oblectat et animas instruit fit vox una psallentium et cum angelis dei, quos audire non possumus, laudum verba miscemus per illum, scilicet, qui venit ex semine David . . . . . [ut] merito se a vera vita credat alienum quisquis hujus muneris jucunditate non fruitur . . . . Dulcedo mirabilis quae saeculi corruptionibus non

---

[1]) S. Augustini Hipponensis enarrationes in psalmos, ed. Bened. e congregatione S. Mauri Venetiis 1730 Bd. 4.

[2]) Cassiodorii Senatoris expositio in psalmos, ed. Garetius, Rothomagi 1679.

acescit: sed in sua permanens dignitate, gratia semper purissimae suavitatis augetur. **Cass.**

Dicitur quoque psalterium; quod nomen accepit a quodam musico instrumento quod hebraice nablum, graece psalterium, a graeco ψάλλειν, quod est tangere. Latine organum dicitur, quod est decachordum et a superiori reddit sonum per manuum tactum. Liber iste docet observantiam decem mandatorum ... docet bene operari, non pro terrenis, sed pro coelestibus, quae sursum sunt. **P. L.**

Item per tres quinquagenas triplex fit psalmorum distinctio propter tres status christianae religionis significandos: primus poenitentiae, in qua et prima psalmorum quinquagena terminatur, scilicet: „miserere mei, deus“, secundus justitiae, in qua et secunda quinquagena: „misericordiam et judicium cantabo tibi“, tertius status vitae aeternae, in cujus laudem tertia quinquagena finitur, scilicet: „omnis spiritus laudet dominum“. **Walahfrid Strabo.**[1])

Notandum quoque hanc scripturam plus caeteris in ecclesiasticis frequentari officiis, quod ideo fit, quia in hoc libro consummatio est totius theologicae paginae. Hic enim describuntur praemia bonorum, supplicia malorum, rudimenta incipientium, progressus proficientium, perfectio pervenientium, vita activorum, speculatio contemplativorum. Hic etiam docetur quid peccatum auferat, quid poenitentia restituat ... **P. L.**

Hymnus est laus dei cum cantico. Canticum est exsultatio mentis habita de aeternis in vocem prorumpens. Bene ergo dicitur liber iste hymnorum, quia docet nos laudare deum cum exsultatione habita de aeternis, et hoc non tantummodo corde, verum etiam voce. **P. L.**

Materia itaque hujus libri est totus Christus, scilicet, sponsus et sponsa. Intentio, homines in Adam deformatos, Christo novo homini conformare. Modus tractandi talis est: Quandoque agit de Christo secundum caput, aliquando secundum corpus, aliquando secundum utrumque. De Christo autem agit secundum caput tribus modis. Quandoque secundum divinitatem, aliquando secundum humanitatem ... Item de ecclesia tribus modis: aliquando secundum perfectos, aliquando secundum imperfectos, interdum secundum malos, qui sunt in ecclesia corpore, non mente, nomine, non numine. **P. L.**

In dem Schlusse von „in this werke i seke na straunge vnglis“ bis zu Ende erkennt man leicht die Gedanken eines Autors, der dem Volke ein Erbauungsbuch in nicht lateinischer Sprache geschrieben hat. Vgl. Pricke of Conscience 336—339.

---

[1]) Glossa ordinaria, liber psalmorum, Migne Bd. CXIII.

Psalm X.

1. Loquitur autem hic psalmus contra haereticos . . .
praevidens quosdam pestilentes viros se solos justos et veros
Christi cultores affirmantes . . . dicentes se in monte, in emi-
nentia virtutum esse . . . Cum talia dicitis, reputatis, quod
anima mea sit inconstans et instabilis sicut passer. **Beda.**[1])

2. Nam sicut iste habet sagittas in pharetra, ita iste
gestat in corde verba venenosa. **Cass.** „In pharetra" id est,
in occulto cordis sui ad hoc „ut sagittent" id est, in occulto
decipiant „rectos corde", id est, bonos incautos non providos.
Beda.

Sciunt haec tempora decipiendis infirmis accommoda. **P. L.**

3. „Quoniam ea, quae perfecisti" id est, laudem, quam
ex ore infantium perfecit deus, destruxerunt . . . ubi parvulos, qui erant lacte nutriendi, fidei vanis et scrupulosis quaestio-
nibus sagittant et venenis pravorum dogmatum necant. **P. L.**

Justus autem, quid fecit? Quasi dicat: numquid Christum
in hoc imitamini. **Remigius.**

4. In caelo est sedes ejus; id est, eos, quos facit templum,
facit et coelum, id est arcana secreta . . . „in templo sancto
suo" id est, in fidelibus . . . in sanctis est sedes ejus. **P. L.**

5. „Oculi ejus" id est misericordia; respiciunt in pauperem,
per quod fit coelum. **P. L.**

Et ista in sanctis libris crebra opertio atque adapertio
tamquam palpebrae sunt dei, quae interrogant, id est, quae
probant filios hominum, qui neque fatigantur rerum obscuritate
sed exercentur. **Aug.**

6. „Dominus interrogat" id est, per tribulationes . . . .
justum et impium, quia dominus solus de conscientiis utrius-
que judicat . . . interrogando autem hoc invenit, quod ille, qui
diligit iniquitatem, odit animam suam. Nemo vero sine peccato
vivit. Ille vero diligit iniquitatem, qui ex desiderio et affectu
peccat, qui etsi semper viveret, semper peccare vellet. **P. L.**

7. „Ignis", scilicet cupiditatis, et „sulphur" id est, foetor
malorum operum, „et spiritus procellarum" id est, tumultuosa
mens. Spiritus procellarum qui erit in futuro, id est, ultima
illa separatio a justis, sunt „pars calicis", id est, poena eorum.
Ideo poenas eorum calicem dicit, quia et poenae eorum sunt,
secundum modum et mensuram meritorum. Et notatur hic
ordo poenarum, quas patiuntur iniqui. Primo enim igne cupiditatis vastantur, inde malorum operum foetore abjiciuntur a
sanctis, inde merguntur aeternis poenis . . . Hos laqueos
pluit dominus de falsis prophetis. **P. L.**

---

[1]) Bedae Venerabilis expositio in psalmos ed. Coloniae 1688.

8. Quasi dicat: haec praedicta reddet bonis et malis; et quare hoc faciet? Quoniam dominus est justus et justitias, id est, justos, dilexit pluraliter, dixit „justitias", ut justos accipias, in quibus multae sunt justitiae, cum una sit dei, qua omnes participant. Et aequitatem vidit vultus ejus. Vel facies ejus, id est, aequitas visa est in facie, id est, in notitia ejus. Facies enim ejus est notitia ejus, id est, potentia, qua dignis innotescit. Vel vultus ejus vidit aequitatem, secundum utramque partem, scilicet bonorum et malorum, quia non se dat noscendum malis, sed bonis, quod est aequitas. **P. L.**

Psalm XVIII.

1. Psalmus iste agit de primo adventu Christi, per quem tyrannus diabolus cadit et homo a peccato et a morte absolvitur. „Coeli enarrant" id est, apostoli, in quibus tanquam in coelis deus habitat, enarrant gloriam dei, id est, exponunt gloriam Christi in qua est aequalis patri, et quod deus est, et quod peccata gratis dimittit. Vel, gloriam dei, id est, gloriam, qua ipse filius patrem glorificavit super terram; et „firmamentum", id est, ipsi iidem apostoli firmati spiritu sancto, et coelum facti ... annunciant opera manuum ejus, id est, facta virtutum domini. **P. L.**

2. „Dies diei", id est, clari claris scilicet sancti sanctis „eructat", quasi dicat, de pleno proferunt verbum ... profert plenitudinem sapientiae. **P. L.**

„Nox nocti", hoc est ... carnales carnalibus. **Aug.**

3. „Enarrant". et hoc tam mirifice, quod non sunt loquelae, id est, linguae neque sermones, id est, genera dicendi, scilicet humile, mediocre, altum, quorum sermonum, id est, per quos sermones non audiantur voces eorum ... apostolorum. Omnibus enim linguis primos doctores loqui fecit spiritus sanctus. **P. L.**

4. „In omnem terram", id est, in omni parte ambitus terrae exivit sonus eorum, id est, fama apostolorum ... etiam in angulis terrae exierunt verba eorum, eadem quae dixerunt. **P. L.**

5. Et quasi quis quaerat a propheta, quomodo haec facta sunt? respondet in sole, id est, in manifesto, non in occulto ut lateat ... in labore, quia aestum laborum gratis sustinuit. Et ipse tanquam sponsus, quia a prophetis toties promissus, processit de thalamo, id est, de virginali utero, ubi deus humanae naturae, ut sponsus sponsae copulatus est. **P. L.**

6. „Exsultavit", quia non invitus suscepit laborem ad currendam viam, non habitandam ... ut gigas", id est, sicut fortissimus, et omnes homines incomparabili virtute praecedens.

Bene ergo giganti comparatur, quia imperturbabilis, irrevoca-
bilis humanam naturam potentia superans, a summo coelo . . .
„egressio ejus" . . . qua de patre natus est, qui in tempore
factus est homo. **P. L.**

7. Ascendit . . . . usque ad summum notat, quia secundum quod deus est, patri aequalis est . . . non permisit ullum
se excusare, quia et ipsam umbram penetravit et dissolvit calor
verbi, id est amor . . . a quo nemo absconditur, quia ut deus
omnium corda novit ut valeat arguere mundum de peccato. **P. L.**

8. „Immaculata", vel irreprehensibilis, id est, per omnia
est vera, et convertens animas . . . testimonium domini est
fidele . . . praestans sapientiam de divinis parvulis, quia ea
quae sapientibus abscondita sunt, per eum revelata sunt parvulis, id est humilibus, non superbis. **P. L.**

9. Justitiae domini sunt rectae, id est lex, quae justi-
ficat, quidquid praecipit, justum est . . . laetificantes corda, spe
praemii aeterni. Et praeceptum domini lucidum. **P. L.**

10. Timor domini est sanctus . . . non puniri, sed separari timens . . . Ergo timor permanet in saeculum saeculi,
quia fructus ejus permanet in aeternum . . . Et judicia domini
vera, quia sive minatur, sive pollicetur, neminem fallit. Vel
justificata in semet ipsa, quia non egent alterius auctoritate,
ut firma habeantur, quam ipsius domini. **P. L.**

11. Judicia domini sunt desiderabilia supra omne id,
quod appetitur pro divitiis, quae notantur in auro, vel pro
potentia, quae notatur in lapide pretioso, vel pro voluptate quae
notatur in melle et favo. Sunt desiderabilia super aurum et
lapidem pretiosum multum, id est, super omnes pompas hujus
saeculi, pro quibus aliquando judicia domini non desiderantur,
sed timentur, vel contemnuntur. **P. L.**

12. Vere sunt dulcia! Etenim id est quia servus tuus
custodit ea. Retributio multa . . . est in custodiendis illis, id
est, in eo ipso quod custodiuntur . . . in hac vita. Retributio
multa, quae quanta sit, nequit dici . . . in custodiendis illis
in futuro reddetur praemium. **P. L.**

13. Quis enim intelligit delicta? Quasi dicat: nullus.
Delicta mentem non sinunt videre . . . ideo, ut possim intelligere et te laudare, o domine, munda me ab occultis . . . ab
alienis . . . munda, tollendo mihi malam cogitationem ex corde.
Ab istis parce, repellendo suasorem. **P. L.**

14. Munda ab occultis, parce ab alienis, ita scilicet ne
dominentur . . . et consentiendo fecit suum . . . emundabor a
delicto maximo, id est a delicto superbiae . . . Superbia vero
est initium et causa omnis peccati, qua qui caret, ille vere est
immaculatus. **P. L.**

15. Eloquia oris mei erunt talia, ut complaceant in conspectu tuo, non hominum . . . . et meditatio cordis mei erit talis . . . . ut placeat in conspectu tuo. **P. L.**

16. Adjutor in bonis agendis, redemtor meus a malis. **P. L.**

Psalm XXXIX.

1. *Exspectans exspectavi,* id est, mitis et cum desiderio exspectavi assiduo dominum qui salvare potest. Et intendit, non avertit se, sed *intendit mihi,* id est, ad utilitatem meam, scilicet, ut prodesset. **P. L.**

2. *Et exaudivit preces meas, et eduxit me de lacu miseriae* id est, de profundo carnalium concupiscentiarum; *de luto faecis* vel limi, id est, de malis operibus, quae pedes affectuum inquinant et retinent. **P. L.**

3. *Et statuit* ut jam ambulem proficiendo *supra petram,* id est, Christum, *pedes meos,* id est, sensus meos . . . *et direxit* ne retro aspicerem *gressus meos,* id est, operum meorum. **P. L.**

4. Statuit inquam pedes meorum et direxit gressus eorum et hoc modo immisit in os meum, id est, meorum, scilicet in os cordis et in os côrporis canticum novum, quod est carmen, id est, laus deo. **Beda.** . . . Ut novum canticum nemo nisi innovatus cantare praesumat. **P. L.**

5. Cantare novum canticum, id est, deum laudare . . . timebunt prave vivere. **Remigius.** [1]

6. Nomen dicit, quod est salvator. Et est sensus: Beatus est vir, cujus est spes nomen domini, id est, qui non temporalia sperat ab eo, sed illud quod ejus nomen indicat, scilicet salutem, id est, qui ipsum deum, non aliud ab eo sperat. **P. L.**

Et quia non respexit in insanias falsas, id est, ad ludos hujus saeculi, et ad spectacula theatri quae hominem insanum faciunt. **Remigius.**

Vel insaniae sunt in spectaculis fallacibus histrionum theatrorum et in aliis voluptatibus . . . von respexit insanias falsas quae sunt in voluptatibus saeculi hujus. **P. L.**

7. Majus ergo facis quam histrio. Ille enim didicit ambulare in fune, tu vero facis ambulare supra mare; et haec fecisti cogitationibus tuis, id est, tua sapientia . . . et non est, qui similis sit tibi. **P. L.**

8. Christus enim loquitur haec: . . . annuntiavi prius per prophetas et post locutus sum egomet et multiplicati sunt

---

[1] Remigii episcopi in psalmos enarrationes, ed. Coloniae 1536.

mali super numerum salvandorum . . . Vel multiplicati sunt super numerum, id est, super hoc, quod aliquis numerare possit. **P. L.**

9. Sacrificium, quod de animalibus fiebat, et oblationem noluisti . . . Vel, aures perfecisti, id est, perfecte fecisti me intelligere, quid velles. **P. L.**

10. Proprie tamen holocaustum dicitur, quod totum comburebatur . . . . pro peccato non postulasti. Tunc dixi: ecce, statim venio. **P. L.**

Tempus est, ut veniant, quae promittebantur. **Aug.**

11. *Scriptum est,* id est, praefinitum est in capite libri, id est, apud deum patrem, qui est caput mei, dicit Christus, qui sum liber humani generis, in quo quisque legere debet, id est, qui sum forma justitiae hominibus . . . ut faciam voluntatem tuam, omnino obediens, me offerens et, o deus meus, ego volui istud . . . et legem tuam · in medio, id est, in plenitudine cordis mei. **P. L.**

12. Annuntiavi aliis, justitiam esse tuam, id est, quod a te est justitia. Et hoc feci in ecclesia magna . . . Et hoc est, ecce non prohibebo labia mea loqui. . . . o domine, tu scisti, id est, tu es testis, quod timor non prohibet loqui. **P. L.**

13. *Justitiam tuam,* id est, fidem confessus sum, non celato timore . . . sed veritatem tuam, id est, promissorum exhibitionem, et salutare tuum, id est, salvationem tuam dixi. **P. S.**

14. Non abscondi misericordiam tuam, qua ipse peccata dimittit. Et veritatem tuam, qua ipse retribuit praemia *a concilio multo,* id est, propter multos conciliantes **P. L.**

15. Noli removere misericordias tuas a sauciis membris tuis . . . Misericordia tua et veritas susceperunt me, id est, amor et timor perducunt me ad te. **P. L.**

16. *Quoniam circumdederunt me mala,* id est, peccata, quorum non est numerus . . . Et comprehenderunt me ipso actu iniquitates meae, quibus pressus oculus non potest videre . . . Et non potui facere subaudi . . . ut nec per conatum possem te videre. **P. L.**

17. *Multiplicatae sunt super capillos capitis mei,* id est, innumerabiliter . . . *et cor meum,* id est, ratio dereliquit me, quia profutura non appetit. **P. L.**

18. Domine *complaceat* id est, communiter placeat Trinitati tibi uni Deo . . . Complaceat dico, ut eruas me a malis. Domine, ad adjuvandum me respice in boni cooperatione . . . Respectus autem dei auxilium nostrum est. **P. L.**

19. Ut confusibiles recognoscant ... et extimescant peccata sua. **Beda.**

20. ... id est humiles sequantur qui superbe peribant. **P. L.**

21. Ferant, ut pondus immensus confusionem suam confestim, ne diutius ingravetur malum eorum, qui dicunt mihi adulatorie: euge, euge, id est, qui applaudunt mihi quasi bono animo ... bona dicit malo animo ... mala dicit dolose laudando. **P. L.**

22. Exsultent et laetentur super te fundati omnes quaerentes te, scilicet non me, sed in me te glorificantes, et dicant: magnificetur dominus ... qui diligunt salutare tuum, id est, me. **P. L.**

23. Hoc dicant semper de te: *magnificetur dominus,* de se autem hoc dicant: *ego autem mendicus et pauper,* id est, non est, quod in me laudetur ... Mendicus est, qui ab alio petit, et pauper, qui sibi non sufficit; sed *dominus sollicitus est mei,* id est, habet curam mei. **P. L.**

24. *Deus meus ne tardaveris,* id est, fac, ne diu simus in malis, sed cito fini. **P. L.**

Psalm LI.

1. Qui potens es in iniquitate, quod minimum est, quid gloriaris in malitia, quasi dicat, in bono gloriandum est, quod magnum est. Quae vero sit iniquitas, haec exponit subdens: **P. L.**

2. Meditatio mali est in lingua, quia non ante cogitat quam loquatur... Fecisti dolum sicut novacula acuta, quae dum promittit innovationem, incidit ... suis promittit beatitudinem, et occidit. **P. L.**

3. Non deserit malum qui diligit ... quia et si benignitas quandoque tangit animum ejus, refugit. Et nota, quod ait, dilexisti malitiam super benignitatem ... Dilexisti etiam loqui iniquitatem magis quam aequitatem, quasi nec mala tegis verbis decoris, sed **P. L.**

4. Dilexisti omnia verba praecipitationis ... cadis inferius ... ruis in profundum ... tu, qui es lingua dolosa, id est, linguosus et dolosus. **P. L.**

5. Haec dilexisti, propterea deus destruet te in finem, et si non modo, quia prius evellet te, id est, dignitatem auferet; et post, emigrabit, id est, faciet te transferre de tabernaculo tuo, id est de hac vana gloria, in qua ad tempus es ... Et radicem tuam evellet de terra viventium, id est, de beatitudine sanctorum. Radix nostra charitas est ... vel radix mali est cupiditas. **P. L.**

6. Justi . . . vident nunc, quid malis eventurum sit in finem; et timebunt, id est, timent sibi, ne ipsi cadant, et in futuro super eum ridebunt, id est, irrisione dignum indicabunt . . . Et dicent: Ecce homo, qui non posuit deum adjutorem suum, sed se deum fecit, quasi dicat, von speravit in domino. **P. L.**

7. Non quia habet divitias, sed quia in ipsis speravit, et in deo non speravit, ideo damnatur, ideo punitur. Quid enim vanius eo, qui putat, plus valere nummum quam deum? **Aug.**

8. Quid dicat: Mali sperant in divitiis, ego autem, dicit populus fidelis, qui sum in domo dei, id est, ecclesia, sicut oliva, quae hieme et aestate viret . . . sic sancti viri neque in prosperis neque in adversis amittunt virtutum decorem. **P. L.**

Sicut oliva fructifera in pinguetudine charitatis et fructificatione bonorum operum. Speravi non in divitiis, sive honoribus, sed in misericordia dei. **Rufinus.**

Misericordia dei dico, duratura in aeternum . . . non ad terrena adipiscenda, sed ad ea, quae sunt in aeternum, et in saeculum saeculi, id est, aeterna. **P. L.**

9. Laudabo te in saeculum, quia fecisti praedicta, scilicet quod sum oliva, quod speravi in misericordia dei in aeternum, et exspectabo nomen tuum, id est, rem nominis tui, quod est Jesus [id est salvatorem, **Rufinus**] scilicet quod tunc salvabor. Ideo exspectabo nomen tuum quoniam bonum est. Jucundum est nomen, sed non nisi gustanti, amarum vero est saeculum. Dico bonum est, sed in conspectu sanctorum tuorum tantum, non in conspectu impiorum, qui non gustant amando. **P. L.**

Psalm XC.

1. Qui habitat in adjutorio, non suo, sed altissimi, id est, qui totam spem non in se, sed in deo semper constituit . . . ut nec illecebra male blandientis voluptatis capiatur, nec timore adversitatis frangatur. **P. L.**

2. Deus meus est refugium meum, non quaerit aliud auxilium contra tempestates saeculi . . . Quasi dicat: quia susceptor et refugium, ideo sperabo in eum **P. L.**

3. Venatores isti sunt diabolus et angeli ejus, qui semper quasi venando hominem insequuntur, ut capiant . . . Nam suggerit ei amorem et cupiditatem rerum temporalium . . . A quo verbo aspero liberat deus suos, dans eis fortitudinem, ut neque blanditiis cedant, neque minis. **Remigius.**

Insultatio ergo et detractio infidelium verbum asperum est. **P. L.**

4. Obumbraculum protectionis praestabit, id est, ante pectus suum te ponet, ut alis protegat . . . nihil timeas, nisi

inde exieris . . . sub pennis ejus vel alis sperabis . . . Et dicitur hic a simili gallinae, quae pullos sub alis protegit contra milvum. **P. L.**

5. Veritas, id est, completio praeceptorum ejus erit in te, id est, muniet te in tuis ut scutum. **Beda.**

6 u. 7. *A sagitta volante in die* . . . Sunt alii bene scientes, quia intelligunt, promissiones dei non esse de hac terra et omnia terrena esse contemnenda et coelestia appetenda. **Beda.**

Qui tales tentantur *a negotio perambulante in tenebris* vel cum persecutor adeo instat haec scientibus, quae tentatio est a daemonio meridiano. Ab incurrente daemonio meridiano non timebit, id est, a gravi et aperta tentatione, sicut est, cum adeo fervet aestus persecutionis, unde multi cedunt . . . qui nesciunt Christiani esse, spernere praesentia et quaerere futura . . . . de quibus dicit: Sunt autem multi qui putant, se judicaturos cum domino, et multo plures qui putant, se collocandos a dextris tunc salvandos. Sed quia de se praesumunt, non habentes in alto radicem charitatis defixam, decidunt a cogitationibus suis, et quia pauciores sunt, qui putant se judicaturos, et plures, qui putant se salvandos, cum tamen non sint, ideo ibi mille, hic decem millia ponit. Et est sensus: O Christe, mille cadent a latere tuo, qui omnia reliquerunt, et decem millia a dextris tuis, id est, pauciores, qui praesumunt de se, tecum judicaturos, et plures, qui praesumunt, se a dextris tuis futuros; cadent per daemonium meridianum, id est, per gravem aestum tribulationis. Ad te autem, o Christe, non appropinquabit daemonium. **P. L.**

8. Considera oculis tuis, oculis fidei, et videbis retributionem peccatoris in fine . . . Non est leve, videre impium florentem in hoc saeculo, et habere ad illum oculos, ut consideres fide, quod ille passurus est in fine. **Aug.**

9. Pro altissimis et occultis . . . mihi ostendisti ad te refugiendum. **P. L.**

10. Tabernaculum dei caro est. **Aug.**

11. Pater mandavit, id est, hoc praeceptum angelis suis de te fecit, ut custodiant te et tuos in omnibus viis, id est, in omnibus operibus tuis et tuorum. **Beda.**

12 . . . ut pedes capitis non offendant in lapidem. **P. L.**

13. Basiliscus graece, latine interpretatur regulus eo, quod rex serpentium sit, adeo, ut eum videntes fugiant, quia olfactu suo eos necat. Nam et hominem si vel aspiciat interimit. Siquidem ad ejus aspectum nulla avis volans illaesa transit, sed quam procul sit ejus ore combusta devoratur. A mustelis tamen vincitur . . . Est autem albis maculis linea-

tus ... Aspis hoc est, inspirationes diaboli vel daemonum ...
Aspis est, dum occulte perimit. Basiliscus, cum palam venena
disseminat. Basiliscus autem diabolum significat, qui nequiciae
suae veneno palam interficit incautos: sed idem superatur cum
ceteris noxiis animantibus a milite Christi spem suam totam in
ipso ponente, cujus virtus omnes adversarias potestates superat
et conculcat. **Hrabanus Maurus** (de universo, lib. VIII ed.
Coloniae 1626, pag. 134).

14. Freie Benutzung von **Cass.**

15. Cum ipso sum in tribulatione, eripiam eum de saeculo et glorificabo eum in caelo. **P. L.**

16. *Longitudine dierum*, id est, vita aeterna replebo
eum, quia sufficit, quod habebit, et ostendam illi, per speciem
non per fidem, salutare meum, id est, Christum in majestate.
Haec visio est tota merces. **P. L.**

Psalm XCIX.

1. Jam jubilat domino universa terra. **Aug.**

Jubilatio autem vera fit voce et corde ... Servite domino, non necessitate sed charitate, in laetitia, von murmu-
rantes. **P. L.**

2. In conscientia exsultate ubi deus videt, foris lingua
exsultare facile est. **P. L.**

Multo difficilius, multo praestantius est ante tanti judicis
gaudere conspectum .... quando superbis omnibus probatur
esse terribilis. **Cass.**

3. In capite versus hujus contra perfidiam loquitur
Judaeorum, qui dominum salvatorem non putando deum in
creatorem suum manus injicere praesumpserunt ... Intelligite
quod iste dominus ipse est deus, qui fecit coelum et terram
qui nos quoque plasmavit. **Cass.**

4. Reportat in humeris suis redemtam sanguine suo.
Securus mortuus est pastor pro ove .... In portis initium
est, a confessione incipite ... In portis confitemini, et in atria
cum intraveritis, confitimini in hymnis. Hymni laudes sunt. **Aug.**

5. Laudate nomen ejus: nunc et in futuro, quia dum
laudatur, dulcescit. In aeternum misericordia ejus, quia in
futuro coronat, et usque in generatione et generationem ....
vel in terrena generatione et coelesti ... est veritas ejus,
implens promissa. **P. L.**

Psalm CXXIX.

1. Ita et iste de hac vita mortali clamat, quae est nobis profundum ... Valde enim in profundo sunt, qui nec clamant. **P. L.**

2. Precibus deum placeat, ut clementer audiat. Deinde ostendens, de quo profundo clamet, ait: **P. L.**

3. Si iniquitatem vel iniquitates observaveris, id est, ad vindictam aeternam servaveris, domine, quis sustinebit te judicem? Nullus; ... quia prope omnis vita peccatis suis circumlatratur .... Praesumat ergo de dei misericordia. **P. L.**

4. In hoc mihi est spes ... scilicet sacrificium, quod pro nobis oblatum est ... nam si judex solum esse velles, et misericors esse nolles, omnes iniquitates observares. Et quis ante te staret in judicio tuo? ... Sustinui te domine, scilicet propter legem misericordiae et charitatis, quae vivificat ... exspectans, quando venias et liberes. **P. L.**

5. Securi ergo speremus in ejus verbum, quod fallere non potest. **P. L.**

6. Quae spes fuerit incipiens a custodia matutina ... id est, a principio sanctitatis meae et ita perseverabit usque ad noctem, id est, ad mortem. **Remigius.**

7. Scilicet sanguis pretiosus, qui totius mundi peccata redemit. **P. L.**

8. Israel omnes sancti ... Unde redimet? Ab illa iniquitate. **Aug.**

Psalm CL.

1. ... hic psalmus, in quo intenditur, ut laudetur deus, quia congregavit sanctos, et deposita fragilitate suae imagini restituit et jam conformes gloriae suae in beatitudine locavit. Hic ergo agitur de laude dei in sanctis ejus, qui glorificati sine fine laudant. Monetur enim civitas dei, scilicet unitas omnium sanctorum, ore et animo canere. In hoc culmen divinae laudis omnis psalmodia perducitur, quae laus hic nuptiali dulcedine decantatur. Quibus ergo propheta in principio libri hujus recte conversationis formam ostendit, jam in illa coelesti Jerusalem receptis dicit in eis laudandum esse deum, quia omnia eis dedit, sic incipiens: Laudate dominum in sanctis ejus, laudate eum in firmamente virtutis ejus, id est, quia morte sua diabolum superavit ... quia sanctos ita firmavit sua virtute, ut amplius non moriantur. **P. L.**

2. Potentatus enim dei, quem fecit in eis, dicitur, quod regnant cum illo in aeternum; et ipsi sancti sunt multitudo magnitudinis ejus. ... quia eos magnos fecit et tam multos ... Idem ipsi sancti sunt in omnibus musicis instrumentis significati, quae ponit pro significantia divinae laudis, id est, ut significent ea, pro quibus laudare debent et quomodo. Et a tuba incipit, dicens: **P. L.**

3. *Laudate eum in sono tubae*, id est propter excellentissimam laudis claritatem quae in vobis est; *laudate eum in psalterio et cithara* id est, de coelestibus et terrestribus, tanquam eum, qui fecit coelum et terram. **P. L.**

4. *Laudate eum in tympano*, id est, in carne mutata, quae est sine omni corruptione. Tympanum enim fit de corio siccato. *Et choro*, id est, in pacata societate. *Et laudate eum in chordis* id est, in carne jam corruptione liberata. Chordas ponit pro instrumento musico, quod chordarum tensione sonat. . . . . Chordae . . . quibus addit organum . . . organum est quasi turris fistulis diversis fabricata . . . non ut singuli sonent, sed ut diversitate concordissima consonent, sicut fit in organo. Habebunt enim sancti tunc differentias suas consonantes, non dissonantes, id est, consentientes sicut et diversis vocibus, sed non adversis fit cantus suavis. **P. L.**

5. Cymbala bene sonantia labia nostra sunt, quae cordi concinna in laudibus dei bene sonant. Et ne putes esse cymbala ista sine anima, addit: *Laudate eum in cymbalis jubilationis*, id est, in labiis jubilum intus conceptum extra monstrantibus . . . est enim jubilatio ineffabilis laus, quae non nisi ab anima proficiscitur. Et quia omnia spiritualiter intelligi vult, apto fine concludit, *omnis spiritus* id est, angelicus et humanus laudet dominum, qui non nisi spiritualiter laudandus est. Non caro et sanguis, quae non possidebunt regnum dei, non ambitus saeculi; sed quod est in natura rerum sublimius, ad laudem monetur, quod scilicet coelestia sapit, aeterna capit, scilicet spiritus brevis et perfecta scientia de modo divinae laudis in hoc psalmo docetur, scilicet ut deum spiritualiter omnia laudent. In his totius musicae perfectio est. Etenim flatus in tuba, vox in choro. Quibus musicis instrumentis significatur spiritualis harmonia, quae non auribus, sed pura mente advertitur . . . Omnis spiritus laudet dominum. **P. L.**

Nunmehr will ich noch zu einigen einzelnen Versen, die der Herausgeber Bramley in der Vorrede anführt, die Quelle angeben, teils, um die Art und Weise, wie Richard seine Vorlagen benutzt, weiter zu veranschaulichen, teils um zu zeigen, in wieweit wir seine Bemerkungen als sein Eigentum zu betrachten haben.

Vorrede, pag. XII. Ps. 21, 29. Et *universae familiae gentium*, id est, de omnibus familiis et de omnibus finibus aliqui adorabunt in conspectu ejus, id est, in conscientiis suis, ubi adoratores veri adorant patrem. Vel adorabunt in conspectu ejus, id est, in intellectu fido adorabunt, per quam deum conspiciunt, quia conspectus dei non est nisi super fidem. **P. L.**

Ps. 54, 10 ebenso im lateinischen Commentare Richards. Desgl. Ps. 82, 11.

Ps. 82, 12 Deus meus, pone illos ut rotam, id est, non sint stabiles in eo quod cogitant . . . . ex terrenis, in quibus crescunt, exsultantur . . . Et animo cadant ab aeternis, et pone illos sicut stipulam ante faciem venti, id est, ante praesentiam tentationis, ut cedant omnibus motibus pravae suggestionis. **P. L.**

Ps. 82, 13. Sicut ignis . . . in justitia ultimae vindictae . . . sicut ignis comburit silvam; malos dicit silvam, quia steriles sunt a justitia, et eosdem dicit montes, qui pleni sunt superbia, sicut flamma comburens montes. **P. L.**

Ps. 82, 14. Ebenso bei Richard im lateinischen Commentar.

Ps. 115, 6. Non schismaticus sum, sed doctrinae ecclesiae per omnia obediens, quae est ancilla dum servit, quod totum per te est, quia tu, non mea merita. **P. L.**

Ps. 76, 20. Ebenso in Richards lateinischem Commentar.

Ps. 146, 3. Qui sanat contritos corde, id est, eos, qui offerunt deo sacrificium spritus contribulati . . . sed in futuro perfecta erit sanitas . . Modo vero, ut medicus fracturas alligat . . . quod tortum est . . . Alligamenta autem dei sunt temporalia sacramenta, quibus interim consolationem habemus, quae tunc detrahentur, cum erit perfecta sanitas. **P. L.**

Vorrede pag. XIII. Ps. 77, 16. Et statuit aquas quasi clausas in utre . . ut peccatis omnibus deletis populus fidelis trajiciatur ad terram promissionis per baptismum. **P. L.**

Ps. 135, 14: Sic etiam reducit innovatum populum per lavacra regenerationis. **P. L.**

Ps. 135, 15. Ita interimit peccata suorum per baptismum. **P. L.** Diese beiden Verse sind im lateinischen Commentar Richards anders erklärt.

Ps. 84, 12. Veritas de terra orta est, id est, confessio de homine peccatore nata est, ut se accuset . . . Et sic justitia de coelo coelorum prospexit sicut publicanus confitens rediit justificatus. **P. L.**

Ps. 93, 18. Ecce quomodo confessionem amat deus, confitere motum et evadis. **P. L.**

Ps. 21, 26. Exaudivit, et ideo apud te est laus mea, id est, laudabo te. Et hoc in ecclesia magna, id est, in toto orbe. Quomodo erit laus? Ecce vota mea, id est, sacrificium cordis et sanguinis mei, quod Christus obtulit deo . . . reddam in conspectu timentium eum, ut intelligant, et verum esse corpus, et per illud se salvari. **P. L.**

Ps. 21, 31. Quasi dicat, non tantum pauperes edent, sed etiam omnes pingues terrae i. e. divites terrae manducaverunt corpus humilitatis Christi, nec sicut pauperes satiati sunt. Et hoc est quod subdit: *et adoraverunt* . . . . Mali manducant cum bonis, sed omnes, qui descendunt in terram, id est, qui terrena amant, cadent, quia indigne sumunt: *In conspectu ejus:* dei, quia solus deus videt quomodo cadant. **P. L.**

Ps. 77, 29 und 34 ebenso bei Richard im lateinischen Commentar.

Ps. 80, 14. Non salvantur solis sacramentis, quod ita dicit: Et ideo, quia tales sunt, erit tempus poenae eorum in saecula, id est, in aeternum, etsi hic floreant. **P. L.**

Ps. 80, 15. Allegorice: eos cibavit corpore Christi. **P. L.**

Ps. 61, 10. Et notandum, quod non dicit: nolite habere, sed cor apponere. Non enim damnat divitias unde mereamur coelum, sed cor appositum, quod scilicet non expendit, sed recondit. **P. L.**

Vorrede pag. XIV. Ps. 68, 33. Liber est notitia dei, qua praedestinavit ad vitam, quos praescivit conformes fieri imaginis filii sui. Non sic ergo accipiendum est, tanquam in hoc libro scribat aliquem deus, quem postea deleat; sed ita accipiendum est: de libro viventium deleantur, secundum spem illorum, quia scriptos se putant, id est, constet etiam ipsis, non illos ibi esse scriptos . . . Et cum justis non scribantur, secundum aequitatem tuam. **P. L.**

Ps. 74, 5. Nolite loqui adversus deum iniquitatem, ut faciunt illi, qui non sua culpa, sed necessitate stellarum dicunt se peccasse . . . qui contra deum blasphema cogitatione remurmurat. **P. L.**

Ps. 146, 11. In potentatu equi, id ist, in superbia contumacium, *in tibiis viri,* id est, in composito habitu praesumptuosi et audacis . . . In tibiis notatur incessus incompositus. **P. L.** In seinem lateinischen Commentare giebt Richard eine andere Erklärung zu dieser Stelle.

Ps. 1, 6. Ganz aus **P. L.** genommen, z. B.: Nota, quod quatuor ordines in judicio erunt: Alii namque erunt, qui judicabunt et non judicabuntur, ut apostoli et alii perfectissimi; alii, qui neque judicabunt, nec judicabuntur, quia jam judicati sunt. Sententia enim damnationis eorum toti ecclesiae nota est, ut infideles. Alii judicabuntur et salvabuntur ut mediocriter boni. Alii judicabuntur et damnabuntur, ut mediocriter mali etc.

Ps. 6 ist der erste der Busspsalmen, v. 1: Et est iste psalmus primus omnium poenitentialium psalmorum, qui sunt septem . . . horum poenitentialium psalmorum talis est forma, quia lacrymis et amaritudine poenitudinis incipiunt et in certitudinem veniae terminantur, sicut hic patet. **P. L.**

Ps. 6, 10. Psalmus hic in exsequiis mortuorum cantatur, quia per hujusmodi gemitum atque poenitentiale lamentum post hanc vitam a fidelibus obtinetur, quod in hac vita diu ac vehementer desideraverunt et a malis sentitur, quod hic non timuerunt, sed contempserunt. **P. L.** Im lateinischen Commentare Richards fehlen diese Angaben.

Ps. 22, 9. Cantatur iste psalmus in exsequiis defunctorum fidelium, quia per gratias hic enumeratas velut per quasdam dietas ad vitam ascenditur aeternam, quae tunc a fidelibus optatur et oratur. **P. L.** Fehlt im lateinischen Commentar Richards. Ebenso verhält es sich mit den entsprechenden Bemerkungen zu Ps. 41, 1 und 64, 14. Von den Busspsalmen sind die Psalmen 6, 31, 37 u. 50 als solche bezeichnet, während ein entsprechender Vermerk bei 101, 129, 142 fehlt. **P. L.** erwähnt jeden einzelnen der Busspsalmen als solchen. In seinem lateinischen Commentar hat Richard die Busspsalmen nicht besonders erwähnt.

Vorrede, pag. XV. Ps. 119, 1. Est autem hic ascensus, qui fit non pedum passibus, sed promotione affectuum, ut de virtute in virtutem ascendatur, ubi charitas movet pedem. **P. L.**

Ps. 62, 1. Inde est quod psalmus iste in matutinis laudibus cantatur. **P. L.** Auch diese Bemerkung fehlt in Richards lateinischem Commentar.

Ps. 66, 6. Psalmus iste in matutinis laudibus illi psalmo adjungitur qui tertio loco cantatur, quia in hoc psalmo benedictio trinitatis imploratur. In psalmo quoque illo, scilicet *deus, deus meus, ad te de luce vigilo* sitis atque ariditas exponitur. In isto vero dominicae benedictionis pluvia ad reficiendam sitim postulatur, indeoque conjunctim cantatur. **P. L.** Auch dies fehlt im lateinischen Commentar Richards.

Ps. 50, 1. Inde est quod hic poenitentialis psalmus plus aliis frequentatur in ecclesia, quia hic magis humilitas ostenditur, et quia hoc est temperatum supplicationis genus. **P. L.**

Ps. 60, 8. Unde post omnia in officiis ecclesiasticis dicitur: benedicamus domino, quia de omnibus bonis, quae in praesenti agimus, deum in futuro perenniter laudabimus. A pueris autem dicitur, quia tunc angelicae puritatis erimus consortes. Nullus enim in regno coelorum, nisi parvulus, intrabit. **P. L.** Ich finde auch dieses nicht in Richards lateinischem Commentar. Ebensowenig Ps. 61, 8: Per lacrymas enim cor effunditur . . . Haec effusio significatur in tunsione pectorum. **P. L.**

Ps. 21, 11. *Vituli multi,* id est, multitudo luxuriantis populi, qui erant sine jugo dei. Et tauri pingues, id est, principes superbi, de pinguetudine ferociores, obsederunt me a simili, quasi castrum, ne evaderem. **P. L.** In seinem lateinischen Commentar bezieht dies Richard auf „principes et summi pontifices crudelissimi".

Vorrede, pag. XVI. Der Commentar zu Ps. 118, 147 ist aus **P. L.** geschöpft. An dieser Stelle sind die Lesarten der Codices sehr verschieden. Vgl. Collatio in Qoph bei **P. L.** *Praeveni in maturitate* (so auch der lateinische Commentar Richards). Hieronymus: surgebam adhuc in tenebris. Vel, ut alii volunt: praeoccupavi crepusculum; Bannescheph, in graeco ἐν ἀωρίᾳ, i. e. ante horam, ante tempus. Unde D. Augustinus habet „intempesta nocte", qui propterea concludit legendum esse unico verbo „immaturitate", vel „in immaturitate". Man darf wohl mit Bramley annehmen, dass Richard kein Griechisch verstand. Der Herausgeber sagt: „The passage is discussed in a similar manner by St. Augustin." Dies ist aber nicht der Fall. Vgl. bei **P. L.** *Praeveni immaturitate,* id est, in aetate immatura. Praeveni immaturitatem, id est, senilem aetatem . . . . qui in annis puerilibus senectutem anticipat, ut gravitas sit in mente, licet sit vaga et mollis aetas . . . Et clamavi magno orandi affectu . . . In graeco est „praeveni ante horam", nullum enim tempus ad hoc eligendum est, sed semper est hoc agendum, ut semper sit Christus in corde nostro, semper in ore et opere. . . . Praeveni orientem solem: pudor est enim si radius solis in strato otiosum te inveniat.

Die Erklärungen zu den cantica werden wohl, wie Richards lateinische expositiones zu denselben, auch aus **P. L.** entnommen sein. Dieser hat wenigstens auch die cantica erklärt (Migne, patrologia latina, Bd. CXCI, Vorrede Spalte 23), sie finden sich aber nicht abgedruckt a. a. O.

An vielen Stellen ist aus **P. L.** wörtlich übersetzt, man vergleiche nur Psalm 150; oft sind auch Bilder und Vergleiche aus diesem entnommen. Vgl. Ps. 65, 5 if he sitt on the hors of pride: *in equo superbiae.* **P. L.** Ebenso Ps. 54, 26 thou sall brynge thaim in til the pit of hell;[1] **P. L**: „Impii in puteum gehennae deducentur".

Nach den mitgeteilten Proben aus den Quellen wird man in Richards Psalter keine eigentümliche Aeusserung eigenen und englischen Geistes erblicken wollen. Was der Verfasser

---

[1] Dieser Ausdruck ist sehr häufig, besonders auch im „pricke of conscience". Er kommt auch in altfranzösischen Denkmälern vor, z. B.: Poëme moral, ed. W. Cloetta, Strophe 183: puiz d'enfer. Die vordanteschen Visionen reden von der Hölle als einem Brunnen.

selber gedacht, gewollt und mitgeteilt hat, ist verschwindend
wenig gegen den Wust getreu wiederholter mystischer Scho-
lastik. Was er aber trotz seiner Abhängigkeit gegen Unrecht
und Laster gesagt hat, ist anerkennenswert. Von dem Stile
einer Uebersetzung — denn so nennt der Verfasser seinen
Commentar selber im Prolog S. 4 — kann man nicht reden.
Das Beispiel aus dem täglichen Leben, so häufig bei Augustinus,
fehlt hier fast ganz; ich habe ein einziges gefunden, nämlich
im Commentar zu Ps. 9, 1. Ebenda v. 28 wird auf eine
Person der Artussage, nämlich auf Merlin angespielt. Der
lateinische Commentar liegt dem englischen nicht zu Grunde,
noch dieser jenem. Aber es unterliegt keinem Zweifel, dass
beide von Richard von Hampole herstammen. Der lateinische
Commentar ist selbstständiger und das Sammeln des Stoffes
hat hier mehr Mühe gemacht, da eine bestimmte Quelle nicht
vorzuliegen scheint. Er hat hier die Kirchenväter mehr als
im englischen Commentar direkt benutzt. Petrus Lombardus ist im lateinischen Commentare in nicht höherem Masse
benutzt, als die anderen Kirchenlehrer. Er ist wohl nicht
ganz so umfangreich, wie der englische. Wenn man aber bedenkt, welch' grosse Arbeit es ist, die Folianten der Kirchenväter zu durchlesen, um einen eigenen Commentar danach zu
schreiben, welche Mühe es gekostet haben mag, den englischen
Commentar aus den lateinischen Quellen zu übersetzen, und
ihm dazu noch hier und da Eigenes beizufügen, so wird man
den erstaunlichen Fleiss des Einsiedlers von Hampole bewundern müssen.

Der englische Commentar mag sich in den folgenden
Jahrhunderten grosser Beliebtheit erfreut haben, dass er aber
späteren Uebersetzungen der Bibel vorgelegen habe (Bramley,
Vorr. pag. XVI) lässt sich nicht erweisen. Der Herausgeber
zieht eine Stelle aus der Prayer Book Version an; mit ebenso
gutem Rechte liessen sich vergleichen: Ps. 104, 27 mit P. B. V.
105, 29: He turned their waters into blood and slew their
fish und 144, 18 mit P. B. V. 145, 17. The lord is righteous
in all his ways, and holy in all his works. Man sieht auf den
ersten Blick, dass die Aehnlichkeit in der Phraseologie durch
die Einfachheit der Sätze bedingt ist.

D. Bemerkungen zum Texte.

Ich habe den Text an denjenigen Stellen, wo der Herausgeber Varianten angiebt, an der Hand der Quellen geprüft. In den meisten Fällen war bei Petrus Lombardus Auskunft zu erhalten, wo bei diesem nichts zu finden war, bot der lateinische Commentar Richards manches. Diese Prüfung hat folgende Ergebnisse gehabt.

S. 16, Ps. 4, 6: seque puniens **P. L.** *punyschand it self* ist aus S einzuführen.

S. 21, Ps. 6, 1: neque in ira tua corripias me (Psalmworte). Aus S ist *chastes me noght* einzuführen.

S. 23, Ps. 6, 10: *ga* aus S wird als richtig erwiesen durch ne eant, quo tendebant. **P. L.**

S. 35, Ps. 9, 22: Die Lesarten *tidfulness* und *tidfully* von S sind einzuführen: Quia despicis in opportunitatibus, id est, opportune despicis et sinis tribulari **P. L.**

S. 38, Ps. 9, 36: Non credens deum punitorem. Non requiret deus quae facio. **P. L.**: S und U lassen to *punysch it* mit Recht aus.

S. 47, Ps. 12, 6: Non solum propter me debes illuminare, sed et propter hoc, ne inimicus gaudeat. **P. L.** Bramleys Conjectur (Fussnote: *the?*) ist also falsch.

S. 48, Ps. 13, 4: Vel ita junge: Vidit si aliquis est intelligens aut requirens **P. L.** S u. U lassen *god* mit Recht aus.

S. 61, Ps. 17, 15: *Et intonuit dominus,* id est, comminatus est. (Lateinischer Commentar); *manaunsed* in U ist richtig.

S. 69, Ps. 18, 3: Genera dicendi, scilicet humile, mediocre, altum etc. **P. L.** Aus S u. U ist *meke* einzuführen. Hier hat der Herausgeber den Text in seltsamer Weise verderbt. ib. v. 5. Et ipse tanquam sponsus, quia a prophetis toties promissus processit de thalamo, id est, de virginali utero, ubi deus humanae naturae ut sponsus sponsae copulatus est **P. L.**

Erstens ist aus S u. U das *hight* einzuführen, zweitens aus U das *whare*.

S. 71, Ps. 18,12: ist mit S nur einmal *for thi* zu lesen: quia servus tuus u. s. w. **P. L.**

S. 95, Ps. 26, 2 : Dominus est protector vitae meae, id est, dat mihi vitam virtutum **P. L.** Das *my* in L soll wohl *me* heissen; dann hat L die richtige Lesart bewahrt.

S. 97, Ps. 26, 12 : Quanto plus accepit tanto ardentius appetit. Der Comparativ des **adv.**: *brennondlier* ist aus S einzuführen.

S. 98, Ps. 26,18: mentita est iniquitas sibi **P. L.**; aus S ist *it* einzuführen.

S. 107, Ps. 30, 9: ... nescire, qualis cras eris. **P. L.** S hat richtig *to morne*.

S. 118, Ps. 33, 3: in idipsum, id est, in eadem identitate (lateinischer Commentar). Aus S ist *onehede* einzuführen.

S. 123, Ps. 34, 8: Exprobraverunt animam meam, id est, accusaverunt (lateinischer Commentar). Aus S ist *upbreyded* einzuführen.

S. 146, Ps. 39, 2 : De luto faecis vel limi, id est, de malis operibus, quae pedes affectuum inquinant et retinent **P. L.** S u. U lassen *oure* mit Recht aus. ib. v. 3. Dem affectus der Quelle (**P. L.**) entspricht das *willes* aus S wohl besser, als *wittes*.

S. 153, Ps. 40,14: Fiat, fiat in hebraeo scribitur (is writen, S u. U lassen *it* mit Recht aus) quod Aquila vere, id est fideliter transtulit. Mit S u. U ist auch hier *it* auszulassen.

S. 154, Ps. 41,5: U: that makis him to *last* in voice of joiynge; S: that makes him *brist out* into u. s. w. Die Lesart von S ist auf Grund des augustinischen „in vocem prorumpens" anzunehmen.

S. 155, Ps. 41,8: Ad meam pusillanimitatem referenda est conturbatio mea. **P. L.** Vielleicht ist das *rette* von S dem *sette* vorzuziehen.

S. 172, Ps. 47, 3: S hat die richtige Lesart *distinccioun*. Quelle (**P. L.**) distinctim, U: destruccioun.

S. 175, Ps. 48, 7: in hoc fratre **P. L.** Das *his* in S u. U ist falsch.

S. 186, Ps. 50, 14: Prius plorans jam fit doctor **P. L.** He that gret, now is he doctur (U); S hat die bessere, wenngleich vom Schreiber missverstandene Lesart: he that grete is (= gretis) be fore (= before) now is he doctur.

S. 192, Ps. 53, 1 : Die Lesart *zipheis* ist die richtige. Vgl. ziphaei enim interpretantur florentes, et significant illos qui florent in praesenti. **P. L.**

S. 201, Ps. 55, 10: Bei **P. L.** sufficit, also *suffirs* in S und U falsch.

S. 210, Ps. 59, 1: Propheta ergo in voce percussorum, in melius mutatorum, ait: deus repulisti a malis nos, qui mali eramus **P. L.** Aus S u. L ist *smyten* einzuführen (U² sinfull).

S. 213. Ps. 60, 3: Bramley ist ohne Grund von der richtigen Lesart von S u. U abgewichen: Deduxisti me per te viam ad te veritatem et vitam **P. L.**

S. 218, Ps. 62, 2: Anima sitivit multis de causis, sed de pluribus sitivit caro. **P. L.** Aus S ist *for mo* einzuführen. Falsch ist „but how manyfolde my flesh", was Bramley aus U² eingeführt hat.

S. 219, Ps. 62, 6: Dico impleatur anima et sic laudabit te os meum (aus S ist *god* entsprechend dem *te* einzuführen) labiis exsultationis, pro pura conscientia, cujus *comes* est exsultatio. **P. L.** Aus S ist whos *felow* ay is joy einzuführen, dagegen laughe as ay ioyand, was in S fehlt und aus U² genommen ist, zu streichen.

S. 220, Ps. 62, 8: Ideo exsultabo, ideo adhaesit, quia me suscepit alis tegendum a periculis dextera tua. **P. L.** Die richtige Lesart haben S u. U²; *for* und *me* sind zu streichen. ib. v. 10. Post causam laetitiae subdit quia obstructum est, id est obstruetur in judicio, ubi omnis iniquitas victa obmutescet, os loquentium iniqua **P. L.** Die Lesart von S: *is overcome* und *doumb schall be made* ist anzunehmen.

S. 226, Ps. 65, 2: Multa sunt et magna secundum virtutem tuam, sed licet sint multa opera, tamen mentientur inimici tui tibi. **P. L.** Es muss *leghe* heissen; *light* in U u. S ist falsch.

S. 227, Ps. 65, 9: God thou proued in anguys; Bramley hat gegen U u. S fälschlich *us* eingeführt: Deus probasti adversis et igne charitatis, qui non sinit sentire tormenta **P. L.**

S. 233, Ps. 67, 13: Quis dominus? Rex virtutum dilecti. **P. L.** Das zweite *of lufid* ist mit U fortzulassen.

S. 236, Ps. 67, 32: Templum, a quo omne datum optimum descendit. **P. L.** Die Bramleysche Lesart *alderbest* ist zu verwerfen und dafür aus U u. S *all best* einzuführen.

S. 240, Ps. 68, 12: Et opprobrium exprobrantium tibi, id est, denegantium me filium tuum. (Lateinischer Commentar.) Der Herausgeber hat fälschlich das *me* von S u. U aufgegeben und in *the* geändert.

S. 242, Ps. 68, 26: Es in siti mea, qua fidem eorum desideravi, potaverunt me aceto. (Lateinischer Commentar); *thaim* bedeutet hier nichts; warum ist nicht das *thei* aus S benutzt?

S. 256, Ps. 71, 19: Qui facit mirabilia solus **P. L.** *one* ist aus S einzuführen.

S. 292, Ps. 78, 6: ... quae nomen tuum Jesum non invocaverunt. Lateinischer Commentar. Mit S ist *ihu* einzuführen.

S. 295, Ps. 79, 10: Aus S ist *of it* auf Grund des ejus bei **P. L.** einzuführen.

S. 296, Ps. 79, 16: ... quem tu confirmasti tibi. Lateinischer Commentar. S lässt *in ioy* mit Recht aus.

S. 303, Ps. 82, 6: Qui circa vanitatem semper student. Lateinischer Commentar. U u. S *thai* ist falsch.

S. 311, Ps. 84, 14: „it sall ren his çumynge til us". Es unterliegt keinem Zweifel, dass das Wort *ren*, welches Skeat im Glossar mit einem Fragezeichen und der Erklärung: „precede, act as runner to" versieht, als Causativum zu *rin, rinnen* zu betrachten ist = to make run, to cause to run. Nach diesem *rennen* ist jedenfalls *rennet* (Käselab) gebildet, = etwas, das (ge)rinnen macht. Die von S überlieferte Form ȝerne ist auch vollkommen berechtigt. Vgl. Skeat im Etymol. dict. zu rennet (1). Er citiert aus Brockett (Glossary of North County Words, Third Edition, 2 vols. Newcastle, 1846): „Earn, yearn, to coagulate milk; earning, yearning, cheese-rennet, or that which curdles milk". Earn = ern = ren. Zu yearn vgl. Zupitzas Anm. zu Guy v. 60. Vgl. auch ren in Wülker, Altengl. Lesebuch II. 310 zu John Maundevilles Reisen, Zeile 209.

S. 313, Ps. 85, 11: Et glorificabo nomen tuum Jesum u. s. w. Lateinischer Commentar. Mit Recht fügt S *ihu* ein.

S. 315, Ps. 86, 7: Quia talis erit laetitia, qualem hic non novimus, et ideo, cum non possit exprimi, dixit, ut potuit. **P. L.** Statt *whatkyns ioy* ist mit S und U² *as* zu lesen.

ib. Ps. 87, 2: Ingressus orationis est ejus acceptio **P. L.** Warum ist nicht *ingong* aus S benutzt?

S. 316, Ps. 87, 4: „per gratiam tuam". Lateinischer Commentar. S u. U² lassen *thi* fälschlich aus.

ib. v. 7: *for ekynge of my wo* ist berechtigt, obgleich es in S u. U² fehlt. Ut hoc *fit* ad cumulum miseriae. Lateinischer Commentar.

S. 318, Ps. 87, 14: ȝerning: affectu Lateinischer Commentar. Also S u. U² *grevinge* falsch.

ib. v. 15: Quasi repulsa oratio inflammetur ardentius. Lateinischer Commentar. Hier ist aus S *more* einzuführen.

ib. v. 17: Der lateinische Commentar hat: Conturbaverunt me, id est, me timere fecerunt. S hat die beste Lesart: *garte;* doch braucht das im Texte stehende *gret* nicht als falsch zurückgewiesen zu werden. Es kann durch Umspringen des r

4

aus gert entstanden sein. Gerte kommt neben garte als pt. vor,
z. B. Piers the Plowman ed. Skeat 1, 121 u. 6, 303.

S. 330, Ps. 89, 18: Lateinischer Commentar: Respice
oculo beneplaciti tui in servos tuos. Aus S ist *with the*
(eghe) einzuführen.

S. 333, Ps. 90, 14: Lateinischer Commentar: Liberabo
eum a prava suggestione. S hat die richtige Lesart *fro*.

S. 356, Ps. 101, 29: Lateinischer Commentar: Filii servorum tuorum, id est, imitatores apostolorum habitabunt post
ista tempora in illis annis: Aus S, M u. U ist *this* anzunehmen.

S. 360, Ps. 102, 20: . . . id est, humiles ad obediendum,
non superbi. **P. L.** S, M u. L lassen *are* mit Recht aus.

S. 363, Ps. 103, 19: Quelle (**P. L.**) rapacissimorum = of
cruelest, S. M u. L lassen *men* mit Recht aus.

S. 367, Ps. 104, 10: Ideoque addit: funiculum haeredi-
tatis vestrae, scilicet, dabo, id est, haereditatem caelestem illis
solis qui funiculo divinae praedestinationis signati sunt **P. L.**
Takynd in S und U ist richtig.

S. 376, Ps. 105, 25: Viles (S u. U *as wele* ist falsch)
qui prius fuerant gloriosi **P. L.**

S. 389, Ps. 108, 10: Omnia autem, quae habuit ita uxori
et filiis dimisit. **P. L.** Aus S ist *alle* einzusetzen.

S. 394, Ps. 109, 5: Sine principio et sine fine, ut ille,
cujus principium et finem scriptura tacet. Lateinischer Commentar. S lässt *was* mit Recht aus. ib. v. 7 . . . . ista vita
P. L. S u. U lassen *this* fälschlich aus.

S. 400, Ps. 113, 4: Montes, id est, apostoli u. s. w. **P. L.**
und der lateinische Commentar S fügt *that are* mit Recht ein.

S. 424, Ps. 118, 93: Nisi meditarer in lege, perissem.
sed quia per legem vivo, non potest a memoria elabi. **P. L.**
Aus M, U u. S ist *the* statt des *thi* in den Text zu setzen.

S. 435, Ps. 118, 165: Illi qui diligunt non scandalizan-
tur **P. L.** Aus S ist *sclaunderde* einzuführen.

S. 438, Ps. 120, 5: S und U haben fälschlich *me*, die
Quelle (**P. L.**) tibi.

S. 441, Ps. 122, 5: Quia pauperes . . **P. L.** *We are
pouer* wird von S u. U fälschlich ausgelassen.

S. 444, Ps. 125, 7: Euntes ibant, provectu melioris vitae.
P. L. Fälschlich haben U u. L *bitter;* das richtige *better*
steht in S, B, B¹, B³.

S. 459, Ps. 136, 4: Cantate nobis; sed his respondemus:
Babylonia vos portat, Babylonia vos continet, Babylonia vos
nutrit. **P. L.** Diejenigen hss., welche *norischith* lesen, haben
also wohl das Richtige.

S. 460, Ps. 136, 8: .. id est, si non est mihi praecipua
laetitia de te et in te, o Jerusalem. Nihil enim ibi delectabit
nisi bonum. **P. L.** Das gode in L u. S ist vorzuziehen,
weil man in diesem Falle *god* eher für *Gott* als für *gut*
halten wird.

S. 463, Ps. 138, 3: Et permisisti ire in laborem **P. L.**
Das *me* darf mit B, U², L S ausgelassen werden.

S. 470, Ps. 140, 4: Quasi omnia casu agantur **P. L.** Auch
hier zeigt B³ bedeutende Interpolation.

S. 479, Ps. 144, 9: Mit M u. U ist entweder *worde*,
oder mit S *stede* zu lesen, jedenfalls nicht *world*, weil diese
Welt hier nicht etwa dem Jenseits gegenübergestellt wird,
sondern diese Psalmstelle einer weniger trostreichen.

S. 483, Ps. 145, 8: . . . advenas, scilicet eos, qui etc.
P. L. Mit Recht fügt S *tho* ein.

S. 492, Ps. 150, 2: Quelle: significantia; das *takyng* in
S, T¹ u. M, oder *betokenyng* in B, oder endlich *tokenyng* in
B³ ist besser als *takyn*.

S. 504, Cant. Moys. I, 4. *thaim has levyre*, ist unrichtig,
aus S u. M. ist *is* einzuführen.

S. 511, Orat. Abac. 26 ist in der Uebersetzung statt
steght die Lesart von S *steghe* zu setzen.

S. 512, Orat. Abac. 27 *Fike* in S scheint mir ursprüng-
licher zu sein, als *fige*. Richard hat in der Uebersetzung wie
an mehreren anderen Stellen nicht selten das englische Wort
nach dem lateinischen gebildet. Z. B. Psalm 44, 10 mirre
(mirra), gut (gutta), cassi (cassia), evor (ebur). Jüngere hss.
haben hier fige, ne. fig, eingeführt.

S. 522, Cant. Moys. II 63. Dicit a simili captivorum
qui rasis capitibus vendebantur. Lateinischer Commentar. Die
hss. schwanken zwischen *prisouns* u. *prisoneres*. Beides ist
gleichberechtigt. Vgl. caitife = captivitatem, Ps. 13, 11. Zupitza zu Guy v. 2507.

Aus dieser Zusammenstellung ist ersichtlich, dass in den
bei Weitem meisten der Fälle, in denen mir eine Prüfung
möglich war, S gegen alle andern hss. die richtige Lesart bewahrt hat. Dass dagegen U allein das Richtige hat, ist selten.
Demnächst bietet S zusammen mit U die besten Lesarten,
ferner S und U², S L u. s. w. Es bedarf wohl keines weiteren
Beweises, um darzuthun, dass S den besten Text hat, und dass
diese hs. der Ausgabe hätte zu Grunde gelegt werden sollen.
Der Schreiber von S scheint freilich noch unachtsamer oder
unkundiger, als der von U gewesen zu sein, doch haben sowohl S, als U Fehler. Vgl. z. B. Ps. 88, 20. S: *also* (soll *to
sla* heissen) und das oben angeführte *grete is* = *gretis* (weint).

Fehler in U: Ps. 93, 21: *saule* (= *sall*), Ps. 123, 1: *ill trew man* (S: *ilke trew man*), Cant. Moys. II 23: *oft sit he* (S: *oft sithe*). Auch S und U, deren Verwandtschaft fast auf jeder Seite zu Tage tritt, haben gemeinschaftliche Fehler; ich habe oben mehrere falsche Lesarten von S u. U mitgeteilt. Der beste Text würde hergestellt aus der Vergleichung der hss. S, U u. L mit gelegentlicher Hinzuziehung von U^2 und M. Auch von der hs. N dürfte manches zu erwarten sein.

E. Die Uebersetzung.

Die Uebersetzung ist im Allgemeinen eine wörtliche zu nennen. An manchen Stellen ist dieselbe sehr steif, weil sie sich gar zu eng an das Latein anschliesst. Wo z. B. im Latein ein abl. abs. war, tritt auch in der Uebersetzung eine absolute Participialkonstruktion ein: 103, 29: Dante te, gifand the; aperiente te, oppynnand the; ib. v. 30 avertente autem te, bot the awey turnand. Vgl. auch den Commentar zu Ps. 150, 1: done away al thaire febilnes; Quelle (**P. L.**): deposita fragilitate. Vgl. ferner in Bezug auf ihre Wörtlichkeit die Uebersetzung zu Pss. 18, 10; 88, 51; 89, 15; 90, 4; 93, 1 u. 14; 94, 2; 99, 3; 101, 23; 103, 1 u. 29; 112, 2; 113, 21, 22 u. 27 u. s. w. Die Fälle, in denen das V. subst. ausgelassen ist, wie im Lateinischen, sind ziemlich zahlreich, z. B. 115, 6; 118, 109, 137, 140, 142, 144 u. 160; Cant. Moys. II, 5 u. s. w. Manchmal werden lateinische Composita durch entsprechende, nicht selten selbstgemachte englische Ausdrücke wiedergegeben. Ps. 34, 22 u. 27 supergaudeant = abovenjoy thai; 36, 37: superexaltatum = aboven heghid; 77, 20: apposuerunt = thai setto, ebenso 88, 22 non apponet = sall not tosett. Ferner 117, 26 in condensis = in samynthyke. Vgl. 103, 11 in convallibus = in samyndales; 79, 14: exterminavit = outtermyd; 102, 14 efflorebit = out sall floryss; 118, 61 circumplexi sunt = has umwrithen; Cant. Moys. II, 14 circumduxit = he about led. 70, 17: pronuntiabo = i sall forthe shew. Wo das Lateinische den dat. verlangt, wie z. B. bei parcere, setzt ihn Richard oft auch im Englischen, was manchmal seltsam genug klingt. 71, 13 parcet pauperi et inopi = he sall spaire til the pore and till the helpeles; 118, 19: detrahunt mihi = bakbitis til me; 144, 2: benedicam tibi = i sall bliss til the.

Vgl. auch Uebersetzungen wie 70, 11: counsaile did = consilium fecerunt und 82, 4: non memoretur ... ultra = be noght in mynde oyre. Ein wahrer Latinismus steht 118, 169 juxta eloquium tuum = bisyde thi worde. Merkwürdig ist auch Ps. 138, 7 til thou ert = ades; addiderunt = did til 68, 31, impugnabant me = thai faght in me 119, 6. Zusammenschreibungen sind häufig, wie adesse = tobe Cant. Moys. II, 51; makfayn = laetifica 85, 3, dowe (do we) 82, 4, tobe (to be) 90, 14; befayn (be fayn) 96, 13; willnoght (will noght 118, 31.

Hier und da finden sich auch kleine Ungenauigkeiten. So ist domino an mehreren Stellen til *oure* lord übersetzt: 103, 36, 127, 5, 133, 3. Ebenso domini = of *oure* lord 110, 9. Sonstige Zusätze: 77, 45 cum = the heghe. 94, 12 ist *til whaim*, 101, 23 *of whaim*, 139, 4 *and*, 147, 8 *his* hinzugefügt. Auslassungen sind etwas häufiger. 46, 7 omnis terrae = of the erth; 78, 9 ist *domine* unübersetzt geblieben. 88, 36 fehlt die Uebersetzung von *in aeternum*, 118, 131 fehlt *i* (ich) in der Uebersetzung; Cant. Moys. II, 4 ist *omnes*, ebenda v. 53 *quoque*, 96, 1 *et*, 47, 9 *deus* unübersetzt geblieben.

Bei der Genauigkeit, mit welcher Richard übersetzt, ist die häufige Willkür im Gebrauche der Tempora auffallend. Dieselbe Erscheinung finden wir in der gereimten nordhumbrischen Psalmenübersetzung, ed. Stevenson für die Surtees Soc. Vgl. Wende, Breslauer Diss. 1884. S. 30 u. 31.

Praes. für Praet.: 77, 21 that thai aske = ut peterent. (Die reimende nh. Uebersetzung asked) 128, 7 we blesse = benediximus. Umgekehrt praet. für praes. 30, 7 Thou hatid the kepand vanites = odisti observantes vanitates. 76, 17 (Thai) passid = transeunt.

Praes. für fut. I: 138, 5 i may noght = non potero.

Praes. für fut. II: 129, 3 if thou kepe = si observaveris; 138, 18: if thou sla = si occideris; 136, 6 if i forgete = si oblitus fuero.

Praet. für fut. I: 34, 28. We haf swalughid = devorabimus; 136, 7 if i had thoght not of the = si non meminero tui. Umgekehrt

Fut. I für pract. 118, 47 i sall thynke = miditabar.

Pract. für fut. II: 91, 7 (thai) ware born = exorti fuerint, 93, 12 erudieris = thou has lerid; 101, 3 i hafe inkald = invocavero; 118, 6 when i . . . hafe lokid = cum conspexero, 138, 8 if i had gone = si ambulavero. Vgl. ferner 138, 7 u. 8; 140, 1; Cant. Moys. II, 60.

Fut. I für fut. II: 118, 82 when sall thou comfort me = quando consolaberis me.

Geschickt handhabt der Uebersetzer die Sprache nicht, oft wird dieselbe sehr eintönig, besonders, wo er keine synonymische Unterschiede macht. Z. B. 20, 13 we sall synge

and wo sall synge = cantabimus et psallemus; 70, 19 and till
elde and elde = et usque in senectam et senium. (Anders
die Surtees Psalmen, s. Wülker, Ae. Leseb. I 128, zu Ps. 70, 47),
148, 10 bestis and all bestis bestiae et universa pecora. Zuweilen lässt Richard einen Tempuswechsel eintreten, um diese
Eintönigkeit zu vermeiden, z. B. 93, 6 thai sloghe ... and ...
hafe thai slane = interfecerunt ... et ... occiderunt.

Die oft wiederkehrende Redensart *in aeternum* ist immer
mit *withouten end* übersetzt, z. B. 27, 12: in til withouten end
= usque in aeternum. Diese Verbindung ist ein ganz ein-
heitlicher Ausdruck gewesen: Vgl. 111, 5 in aeternum non
commovebitur = withouten end he sall noght be stird.

Das sehr häufige *aswhasay* ist eine genaue Wiedergabe
des lateinischen *quasi dicat,* welches neben *id est* in den lateinischen Erklärungen biblischer Bücher unzählige Male vor-
kommt. Auch bei Robert von Gloucester, Reimchronik, ed.
Hearne 1724: as wo seiþ S. 2. Vgl. Wülker, Ae. Leseb. II, 249
zu Hoccleve „de regimine principum" v. 46 Mätzner, Gramm.
I, 328.

Der biblische Ausdruck *in saeculum saeculi* heisst, wie
auch in den Surtees Psalmen, *in warld of warld;* in saecula:
in warldes.

Ein einziger Vers ist ohne Commentar: 36, 31: This has
na nede of expounynge, for it is open ynoghe. Ohne eigentlichen Commentar, sondern nur mit kurzem Hinweis versehen
auf den folgenden Vers, der als Commentar bezeichnet wird,
sind 106, 15, 19 u. 28; 113, 6 u. 117, 20. Einen Hinweis auf
einen vorhergehenden Vers ohne weitere Erklärung zeigen:
107, 7; 134, 16; 52, 8. Scheinbar ohne Commentar sind, da
der betreffende Vers mit dem jedesmalig folgenden zusammen-
geschrieben und mit diesem gemeinsam erklärt ist: 78, 10,
102, 17, 106, 31; 135, 3, u. 26, 148, 9 u. 11; Cant. Moys. I, 13,
II, 15.

F. Der Dialekt.

———

Es soll hier nur an einiges von dem angeknüpft werden, was Skeat sagt S. 527 — 529 bei Bramley im Glossarial index.

Ueber den Dialekt des Psalters kann man mit Sicherheit nur dann urteilen, wenn man die Reime im Pricke of Conscience (P. Csc.) als Beweise benutzt. Besonders ist der Lautwert des ags. â in Betracht zu ziehen. Dieses erscheint im ganzen Denkmal in ungetrübter Reinheit erhalten. Vgl. i rase (ags. râs) 3, 5; banes (bân) 6, 2; twa (twâ) 17, 1; sary (sârig) 30, 13; wedlake (wedlâc) 50, 6. Vgl. P. Csc. tan: alan 23, mare: ware 175; made: brade 934; hate: abate 3088; San (= Dan; Eigenname): nan 4167 etc.

Dann ist das Verhalten von ags. 6a vor gedecktem l von Wichtigkeit. Es erscheint, ebenso wie im P. Csc. mit einer einzigen Ausnahme als a. Z. B. haldis 4, 3, bihald 9, 25; ald 15, 6; bitald 75, 4; baldly Cant. Js. 2. Die einzige Ausnahme habe ich in Ps. 97, 5 tolde gefunden, P. Csc. gold: told 9103. Dass eine einzige Ausnahme in einem so umfangreichen Werke wie der Psalter nicht in Betracht kommt und das Gesetz nicht erschüttert, leuchtet ein. —

a) Substantiva: Den von Skeat angeführten Fällen, in denen das Zeichen des Genetiv fehlt, kann man noch hinzufügen: the devell servys 1, 6 u. 54, 27; other men syn 18, 14; his way end 36, 7; the rightwisman saule 36, 35. (Doch a rightwismannys will 26, 9) na man speche 76, 4; al goed men sunnes 85, 15. (Doch almens lifis 62, 4) in nede of saule fode 106, 10 etc.

Dem S. 527 erwähnten eren (ags. êaran) steht eres 43, 1 gegenüber.

Der pl. beruht auf ags. umgelauteten Formen: men; (aber mennys 18, 14); men and women 73, 5;

wymmen 4,1, 65,3 u. s. w.; tetho 3, 7, 34, 19; teith
36, 12; feto 4, 4, 48, 1 kyo (vaccis) 67, 33.

Ohne Zeichen des pl. sind: all thynge 1, 1; fife
thynge, ebenda; all thynge that = omnia quaecunquo
113, 11; shepe (ags. pl. scêap, scêp) 8, 7; 43, 13 (= oves);
gaito (hircos) 49, 10, 65, 14; Cant. Moys. II, 21. (Aber
gaites 49, 14); jeris und jere (annorum und annis
89, 10 u. 11; ffourty jere 94, 11; §wyn (ags. pl. swîn)
136, 2.

b) Adjectiva. Substantivierte Adjective sind contem-
platifs, prol. S. 4; aliens (alieni) 53, 3 u. 59, 9 u. s. w.
visibiles and invisibils 9, 1; godes (bona, Piers the
Plowman, ed. Skeat 4, 163) 121, 9; the nobils (no-
biles) 149, 8.

Adjectivisch ist das Wort *wondire* gebraucht: a
wondire joy 88, 15. Ebenso Gower, Conf. amantis
I, 121, 9: such a wonder sight. Adverbiell bei Chaucer
ed. Morris, Bd. V, 166, 385: Therwyth the hunte,
wonder faste, Blewe a forleygne at the laste. Auch
P. Csc. 4321.

c) Pronomina: Zusammenschreibungen der pron. mit
Zeitwörtern, wie saltou, wiltou u. s. w. habe ich im
ganzen Psalter, sofern der Text auf U beruht, nicht
gefunden. Ebensowenig Zusammenziehungen wie Chau-
cers atten ende etc.; es heisst immer at the end 55, 10,
at the fire 57, 8 u. s. w.

Doch sind diese Unterschiede nur graphisch und
betreffen daher nicht den Verf. sondern den Schreiber.
1. Demonstrativa: there (an. þeir, þœr) 22, 4; 9, 37;
there (= haec) 14, 7; 91, 6; Cant. Moys. II, 49; in
there wordis 21, 17; there thyngis 77, 54, here there
thingis (= audite haec) 48, 1; there (= isti 94, 12)
u. s. w. thes 1, 1; this perils 68, 1; tha termes 2, 8;
tha godes 64, 5; tha (= eos) 67, 7; of tha (= eorum)
67, 30; 20, 10; tha (= ea) 73, 18; tha = ei 105, 32;
thas (ne. those) U², 71, 15.

2. Indefinita: man (dtsch. man). If man swa lif (si sic
vivitur) Cant. Ez. 11. Einmal kommt slike (an.
slíkr) vor: 101, 21. Sehr häufig ist ser, sere (sb.
sernes), auch bei Orrm. Es ist nicht romanischer
Herkunft, sondern an. sêr. —

d. Von Zahlwörtern sei angeführt: Sen, zusammenge-
zogen aus seven 11, 7, die volle Form steht z. B.
118, 164. Ebenso in Robert von Gloucester Reimchronik ed. Hearne 1724, S. 4:

Sene kynges heo maden in Engelonde S. 9: Sene ages þer habbeþ y be. Ebda: þe sene (= ne. seventh). Dafür auch senethe und sevene S. 409.

Twys, ne. twice 118, 137 und thris, ne. thrice, 115, 7. Sie sind hier einsilbig, während sie bei Chaucer zweisilbig sind: twïes und thrïes. Z. B. Chaucer, ed. Morris, II 91, 2096:

And thrïes with here speres clateryng.

Und IV 210, 1399—1400:

„Now", quod Pandare, „er houres twïes twelve
He shal the ese, unweyst of it hymselve".

Man beachte auch 105, 8: departand the see in twelfe, vgl. ne. in two.

e. Präpositionen, Adverbien und Conjunctionen. Til oder till (= to) tritt in folgenden Verbindungen auf: in til = unto, to, prol. Zeile 7; thare til, bis dahin 2, 13, ther till, dazu, dahin 70, 23; wharetil = utquid 4, 3; til ward = toward 24, 14, til me ward 24, 22, til the = ad te 90, 7 und 10, al til gether = alltogether 59, 10, til that = donec 70, 20; 72, 17 u. s. w.; til that = quoadusque 93, 15; fra this now and in till warld = ex hoc nunc et usque in saeculum 120, 8, 124, 2, 130, 5 u. s. w. worthi til „gut für" 136, 3, til god zum Gott (haben) 143, 18.

Beachtenswert ist ferner der Gebrauch von at.

1. at steht neben to und forto vor dem inf. Vgl. Wülker Ae. Leseb. I, 160 zu Laurence Minots Gedichten II, v. 33, that is at say 4, 3, 9 u. 10; at ren 18, 6 at say; at still 31, 3; (ebenda to still); at come 5, 11; auch that is to cum 26, 10 to cum 41, 2, 70, 20; forto sla 34, 4; forto cum 44, 2. Vgl. 21, 33: generatio ventura = getynge at cum (ne. my wife to come). Ebenda getynge that is forto cum.

2. at = lat. ad (temp.) ad vesperum = at evenynge 29, 6, ad vesperam = at even 58, 7 u. 16 (am Abend, des Abends).

3. at = til Ps. 55, 11: he may nathynge do at my saule na at my vertu („anthun"). Ebenda: i sall drede not what man do til me.

4. at = lat. secundum (gemäss) at thaire lare 52, 3.

Das ags. â (immer, ewig) findet sich an mehreren Stellen, ebenfalls als a erhalten: a god in trinite 66, 6, 39, 18, tha that lifis a temprely 73, 18, 118, 57. Vgl. a buten ende, Ancren riwle, p. 396.

f. **Verbum.** Vgl. Skeats Bemerkungen bei Bramley im Glossarial index S. 528. In Ps. 89, 6 will Skeat die 3. pers. imperat. finden. Wahrscheinlich hat man es hier aber mit dem Conjunctiv zu thun, ebenso wie da, wo Morris[1]) einen „uninflected imperative" annimmt, ein Conjunctiv vorliegen dürfte. Man vgl. mittat = send he 19, 2, tueatur te = defend he the, help he, make he ebenda; exultent = glad thai 39, 22, dicant = say thai 69, 5, possideamus = welde we 82, 11; erubescant = shame thai 82, 16; exultemus, jubilemus = glade we, joy we, 94, 1; ebenda v. 2 u. 6; mendicent = beg thei 108, 9 sciant = witt thei 108, 26, 138, 19; non det = gif he noght 120, 3; videas = see thou 127, 6 u. 7 u. s. w. Der lat. Imperativ ist nirgends so übersetzt: vide = see, 138, 23; proba, interroga = prove, ask, 138, 22, postula = ask, 1, 8; judica = deme 7, 9; intelligite = undirstandis 1, 10 venite et videte = cummes and sees 65, 4 etc. etc.

Ein Hauptcharakteristicum der Sprache Richards ist die ausnahmslose, strenge Scheidung zwischen dem part. praes. auf — and und dem Verbalsubstantiv auf — ing(e), — yng(e). Dass bei letzterem wirklich ein Substantiv vorliegt, beweisen folgende Uebersetzungen: abominationem = wlatyng 87, 8, scientiam = kunynge 93, 10; excessu = outpassynge 115, 2; petitiones = askyngis 19, 6, egressio = the gangynge 18, 6 etc. Part. praes. docendo = lerand 67, 31, abundantes = abundand. 72, 12; intendentes et mittentes = bendand and sendand 77, 12 etc.

In dem Worte *offrand* erblickt nun Skeat „an unlucky exception", S. 528, Anm. 2. Offrand, das Opfer, ist kein englisches part. sondern ein romanisches Wort, fz. offrande, zurückgehend auf lat. offerendus. Die Schreibung offrende, ofrende findet sich neben offrande in Gen. und Oxod. ed. Morris. v. 1298, dor Abraham đe offrande dede; v. 1309, đat đor sal offrende ben don; v. 1314 quor of đe ofrende sal ben. Ueberdies kommt offryng bei Richard neben offrand vor. Cant. Moys. II 55. De quorum victimis comedebant adipes: et bibebant vinum libaminum = of the offrandis of whaim thai ete grese: and thai drank wyne - of offryngis. Uebrigens steht im Glossar, S. 544: „offrand etc., frz. offrande".

Eine wirklich „unglückliche Ausnahme" steht Ps. 84, 14, wo die hs. U fälschlich das part. praes. für das Verbalsubstantiv setzt. Die richtige Lesart: punysshing ist aus S genommen.

G. Anmerkungen.

S. 3, prol. Zeile 7 *oftsith,* oftmals, sehr häufig. Vgl. Ps.
118,168 sepcies = seven sithe. Chaucer gebraucht sowohl den
sg. als den pl. ed. Morris II 16, 485:
>And such he was i-proved ofte sithes; reimend mit
tythes.
Und: II 205, 1057.
>Wepyng for tendirnes in herte blithe
>Sche heriede God an hundred thousand sithe.
Ags. sîd, Reise, Fahrt, auch vicis Mal, z. B. Beow. 2689.
S. 4, prol. Zeile 40 *the tother.* Häufig. Vgl. 5,14 u. 15;
22,9; 30,9; 82,12, the ta, ags. đæt ân, 9,32; the tayne 110,1,
the tane ... the tother ·31,11, the ta ere and the tothere 57,4.
Aber the othere 77,38 „die anderen", pl., wo nicht ags. đæt,
sondern đâ zu Grunde liegt ... t ist verloren gegangen in
tempe = to tempt 55,1, 12,3, tempis 12,5, ferner in der con-
trahierten Form forgen = forgeten 41,13.
S. 21, Ps. 6,1 *a nother.* Ebenso 9,7, 30,9, 34,11, 41,9
etc., thi nere 16,17, hat der Herausgeber in thin ere um-
geändert, indem er unnötigerweise von U abwich. Das n von
ags. nædre ist aber noch geblieben: neddire (ne. adder) 32,8,
41, 1. —
S. 23, Ps. 6,6 *waysch,* Häufig ist das Auftreten von ay,
ai für a. Dies ai ist etymologisch unberechtigt. In den bei
Weitem meisten Fällen findet sich auch a, sodass man getrost
behaupten darf, es sei zu Richards Zeit teils noch reiner Vocal
gesprochen, teils habe man angefangen, demselben einen kurzen
Vocal, bezeichnet durch i, nachzuschlagen. Vgl. Wülker Ae.
Leseb. II 256, zu Barbours Bruce v. 38 u. 39 und Thomas of
Erceldoune ed. Brandl, Vorr. pag. 50, hais (= has) 7, 15, 54,6,
mayde (= made) 52,2, 32,9; gays (= gas) 36,40, thain (ne.
then) 39, 4, waytcre 57, 7, mayre 74,4, sayre 88,32, layre

92, 5, gayfe 106, 34, the tayne 110, 1, iordayn 113, 3 u. 5 gayst, 142, 7, braydo 145, 8. Ebenso oy für o: foyle (= fole, stultus). Vgl. auch greis (afz. gró = gradum) 119, 1, beyne (= ben, sein) 9, 1 u. 33. —

S. 52, Ps. 15, 3, *fulscke*. Das Präfix *ful* ist sehr häufig und bezeichnet einen hohen Grad, oder wirkt verstärkend, fulbright (praeclaris) 15, 6, fulhard 16, 5, fulhalsum 46, 6, fulsare 57, 9, fuldepe 91, 5 etc.

S. 72, Ps. 19, 1, a kynge that sall til bataile. Vgl. Zupitza zu Guy. 855/6.

S. 103, Ps. 29, 5. Oure form fadere, ags. forma, der erste. Ebenso Chaucer, ed. Morris, III, 150, 32: whan oure Lord hadde creat Adam oure forme fader. —

S. 233, Ps. 67, 12: . . . til haly men that leris his luf withouten fayntes til all that will lere it. Ein Fall der häufigen Verwechslung von *lernen* (ags. leornjan), und *leren* (ags. læran). Vgl. Wülker, Ae. Leseb. I 166 zu Richard Löwenherz v. 6815 und II 227 zu Ps. 142 v. 65. Zupitza zu Guy v. 6352.

S. 303, Ps. 82, 4. Non memoretur . . ultra = be noght in mynd *ovyre*. Ebenso Cant. Ez. 3: i sall noght se man ovyre. Sonst drückt ovyre das Uebermass aus: overe sykire 2, 11; overe lange 12, 1, overe light 55, 5 etc.

S. 116, Ps. 87, 5, *whitely*. Im lateinischen Commentar Richards heisst es: quorum videris penitus oblitus. Dass das Wort also mit *quite* identisch ist, steht fest. Vgl. P. Csc. 5411 *whake* für *quake* und das umgekehrte Verhältnis bei dem schott. *quhat* und *quich*.

S. 345, Ps. 96, 2 *blynhede*. Vgl. upbrayand 118, 42 und frenship 136, 5. Vgl. Wülker, Ae. Leseb. I 125 zu Gen. u. Exod. 373; I 139 zu P. Csc. 4686 und II 226 zu Ps. 142, 31.

S. 362, Ps. 103 11 *comyn*, S: comon, die Versammlung. Der lateinische Commentar hat: pertransibunt aquae doctrinarum ad contionem praedicatorum.

S. 375, Ps. 105, 19. The kalfe thai rendid. *Rende,* schmelzen, ist wohl dasselbe Wort wie renne, Ps. 84, 14 (S. 49). Vgl. den lateinischen Commentar. Et fecerunt vitulum conflatilem und P. L.: Vitulus énim non sculptilis sed conflatilis fuit. Die Bedeutung „schmelzen = laufen, zergehen, machen", passt gut dazu.

S. 391, Ps. 108, 22. Ablatus sum = i am had away; Zupitza zu Guy 4758.

S. 419, Ps. 118, 61; lettyngis and ill eggyngis . . . . ere about to lapp in halymen; P. L.: qui implicare sanctos volunt. Ne. to be about.

Lebenslauf.

Ich, **Hermann Heinrich Bernhard Middendorff,** bin geboren in Langen bei Badbergen, Provinz Hannover, am 7. Juli 1864, als Sohn von Hofbesitzer **Wessel Schwiethard Middendorff** und **Anna,** geb. **Pesemann.** Nachdem ich bis zu meinem 10. Lebensjahre die Volksschule meines Heimatsortes besucht hatte, schickte mich mein Vater Ostern 1874 auf die Privatschule zu Badbergen. Nach 2 Jahren, Ostern 1876, ging ich dann über auf das Realgymnasium zu Quakenbrück, dessen Klassen ich von der Quinta an in 7 Jahren durchlief und welches ich Ostern 1883 mit dem Zeugniss der Reife verliess.

Nunmehr widmete ich mich auf der Universität Berlin dem Studium der neueren Sprachen sowie der Geschichte und hörte die Vorlesungen folgender Herren Docenten: Bastian, Dilthey, Droysen, Du Bois-Reymond, Geiger, v. Gizycki, Horstmann, Paulsen, Scherer, Tobler, Weizsäcker, Zeller, Zupitza. Drei Semester lang war ich Mitglied des englischen Seminars unter Herrn Professor Zupitza. Michaelis 1886 bezog ich dann die Universität Leipzig und hörte dort besonders die Vorlesungen der Herren Professoren Ebert, Hildebrand, Masius, Wenck, Wülker und Zarncke. Hier war ich Mitglied der romanischen Gesellschaft des Herrn Professor Ebert.

All' den genannten Herren spreche ich meinen wärmsten Dank aus für die vielseitige geistige Anregung und Belehrung. Zu besonderem Danke fühle ich mich den Herren Professoren Ebert, Wülker und Zupitza verpflichtet.